utb 5572

Eine Arbeitsgemeinschaft der Verlage

Brill | Schöningh – Fink · Paderborn
Brill | Vandenhoeck & Ruprecht · Göttingen – Böhlau Verlag · Wien · Köln
Verlag Barbara Budrich · Opladen · Toronto
facultas · Wien
Haupt Verlag · Bern
Verlag Julius Klinkhardt · Bad Heilbrunn
Mohr Siebeck · Tübingen
Narr Francke Attempto Verlag – expert Verlag · Tübingen
Ernst Reinhardt Verlag · München
transcript Verlag · Bielefeld
Verlag Eugen Ulmer · Stuttgart
UVK Verlag · München
Waxmann · Münster · New York
wbv Publikation · Bielefeld
Wochenschau Verlag · Frankfurt am Main

Pascal Lippert

Wege zum Prädikatsexamen

Wie jeder seine Chancen auf Top-Jura-Examina durch strukturierte Vorbereitung verbessern kann

BRILL | Schöningh

Der Autor:

Pascal Lippert (Jahrgang 1967) ist Rechtsanwalt in Berlin im Bereich Medienrecht und langjährig in der Referendarausbildung als Dozent tätig.

Umschlagabbildung: Adobe Stock #199086508 © MicroOne

Online-Angebote oder elektronische Ausgaben sind erhältlich unter **www.utb-shop.de**

Bibliografische Information der Deutschen Nationalbibliothek

Die Deutsche Nationalbibliothek verzeichnet diese Publikation in der Deutschen Nationalbibliografie; detaillierte bibliografische Daten sind im Internet über http://dnb.d-nb.de abrufbar.

© 2021 Brill Schöningh, Wollmarktstraße 115, D-33098 Paderborn, ein Imprint der Brill-Gruppe (Koninklijke Brill NV, Leiden, Niederlande; Brill USA Inc., Boston MA, USA; Brill Asia Pte Ltd, Singapore; Brill Deutschland GmbH, Paderborn, Deutschland; Brill Österreich GmbH, Wien, Österreich) Koninklijke Brill NV umfasst die Imprints Brill, Brill Nijhoff, Brill Hotei, Brill Schöningh, Brill Fink, Brill mentis, Vandenhoeck & Ruprecht, Böhlau, Verlag Antike und V&R unipress.

Internet: www.schoeningh.de

Das Werk, einschließlich aller seiner Teile, ist urheberrechtlich geschützt. Jede Verwertung außerhalb der engen Grenzen des Urheberrechtsgesetzes ist ohne Zustimmung des Verlages unzulässig und strafbar. Das gilt insbesondere für Vervielfältigungen, Mikroverfilmungen und die Einspeicherung und Verarbeitung in elektronischen Systemen.

Printed in Germany.
Herstellung: Brill Deutschland GmbH, Paderborn
Einbandgestaltung: Atelier Reichert, Stuttgart

UTB-Band-Nr: 5572
ISBN 978-3-8252-5572-5

Inhaltsverzeichnis

1. Einführung.. 7
2. Juristen sind Strukturmaschinen............................. 10
3. Visualisierung zur Strukturbildung und Gedächtnishaftung........... 12
4. Irrwege vermeiden... 14
5. Qualitätskriterien juristischer Leistungen...................... 18
   a) Struktur 18
   b) Stringenz 21
   c) Strategie 22
   d) Vollständigkeit.. 24
   e) Genauigkeit.. 27
   f) Wissen 29
   g) Begründungstiefe...................................... 32
   h) Differenzierung....................................... 35
   i) Sprache 39
6. Gefährliche Mythen.. 51
   a) Mut zur Lücke... 51
   b) Methodenwissen aus der Schule bereitet für ein Studium vor....... 52
   c) Nur mit Lernen kurz vor einer Prüfung erreiche ich das Optimum ... 53
7. Prinzipien aus anderen Disziplinen........................... 55
   a) Das Paretoprinzip..................................... 55
   b) Dunning-Kruger-Effekt................................. 57
8. Der Blick des Prüfers und was man daraus lernen kann 61
9. Notorische Misserfolgsmeider und die rote Pille................... 68

Inhaltsverzeichnis

10. Der Aufbau von Wissensinseln 71
11. Juristisches Arbeiten als Kunstform – „see it as an art". 74
12. Kreativität und gutes Argumentieren. 80
    - a) Analogie 80
    - b) Umkehrschluss 80
    - c) Erst-Recht-Schluss. 81
    - d) Hinweis auf widersinnige Folgen 82
    - e) Negatives Argument 82
    - f) Hinweis auf den Gegenakt 82
    - g) Zirkelschluss 82
13. Strukturierte Vorbereitung 85
14. Das mündliche Examen 88
15. Umgang mit Feedback 101
16. Prokrastination 104
17. Das richtige Mindset 106
18. Die Gauß'sche Normalverteilung zeigt den Weg zum Prädikat. 109
19. Soziale Herkunft. 112
20. Freischuss und Verbesserungsversuch 115
21. Besonderheiten beim Referendariat 119
22. Repetitorien – Fluch oder Segen 126
23. Wege in eine Karriere auch ohne Staatsnoten. 128

Anhang: 20 typische Schwächen und wie man sie vermeiden kann. 132

1. Einführung

Juristin oder Jurist zu werden, sei es als Volljuristin oder Volljurist, als Juristin oder Jurist mit dem Ersten Staatsexamen oder dem Bachelor-of-Law, erfordert viele Fähigkeiten. Zu den „Happy Few" mit mindestens einem Prädikatsexamen zu gehören, streben natürlich alle Studierenden an. Viele träumen davon, nur wenige schaffen es. In eigentlich keinem anderen Studiengang werden die Abschlussnoten so hoch bewertet wie in Jura. Dies gilt besonders für das klassische Jurastudium, aber sicher auch für die Absolventen eines Bachelor-of-Law-Studiengangs. Es werden Geschichten erzählt, dass noch Jahre nach dem Abschluss in Anwaltskanzleien die Gewinnbeteiligung von den Examensnoten bestimmt werde. Das ist sicherlich ein Märchen, aber bei der Einstellung auch von berufserfahrenen Anwältinnen und Anwälten sollen die Examensnoten auch Jahre später durchaus noch eine Rolle spielen. Richterin oder Richter wird man, sofern nicht eine Pensionierungswelle einmal eine Personallücke reißt, ebenfalls nur mit sogenannten Staatsnoten – also zwei Prädikatsexamina mit jeweils mindestens 9 Punkten. Dies führt dazu, dass zu bestimmten Phasen in einigen Bundesländern kaum mehr Männer eingestellt wurden, weil Frauen bessere Examina machten. Auch die Hürden für den Richterberuf schwanken natürlich, da es eben Pensionierungswellen gibt und dann die Noten angepasst werden. Aber wer Richterin oder Richter werden will, wird auch in Zukunft überdurchschnittliche Noten in den Abschlussprüfungen brauchen.

Was gehört nun dazu, eine Prädikatsjuristin oder ein Prädikatsjurist zu werden? Ist dafür ein spezielles Mindset, eine besondere Intelligenz oder unerbittlicher Fleiß notwendig?

Dieses Buch soll zeigen, was erforderlich ist, um die Chancen auf ein Prädikatsexamen maximal zu vergrößern, sei es als Prüfling oder als jemand, der andere zum Examen anleitet.

Natürlich gibt es Menschen, die genau das eigentlich zu ihrer Aufgabe gemacht haben: Professorinnen und Professoren, deren Assistentinnen und Assistenten und die seit jeher umstrittenen Repetitorinnen und Repetitoren. Die letzte Gruppe orientiert sich am Stoff selbst und möchte Fähigkeiten als solche vermitteln. Rechtswissenschaftliche Ansprüche treten dabei mitunter in den Hintergrund. Natürlich ist es auch das Ziel von Repetitorien, Studierende in die Lage zu versetzen, überdurchschnittliche, wenn nicht gar Prädikatsnoten in den Prüfungen zu erlangen. Darauf gezielt ausgerichtet sind solche Programme jedoch selten. Dieses Buch beschreibt die hinter dem Stoff selbst liegenden Aspekte, die die Qualität der Noten beeinflussen. Eine Abkürzung zum Prädikatsexamen gibt es nicht. Fleiß, Kreativität, harte Arbeit, aber eben auch ein optimiertes Methodenwissen sind erforderlich.

Die folgenden Kapitel gehen auf unerlässliche Elemente dieses für überdurchschnittliche juristische Leistungen notwendigen Methodenwissens ein. Das Buch soll den Blick schärfen für das, was neben dem juristischen Wissen selbst elementar ist. Vieles davon entwickeln Juristinnen und Juristen irgendwann mehr oder weniger selbst. Die Frage ist nur, wann das geschieht. Der Autor hat vieles davon selbst vermittelt bekommen, einiges selbst herausgefunden und lernt noch immer dazu. Man kann immer noch besser werden. Je früher man dies vor einem Examen erkennt und gezielt auch unangenehme Wahrheiten akzeptiert, desto höher wird die Wahrscheinlichkeit in Details, einzelnen Prüfungsarbeiten und schließlich vielleicht auch in den Staatsexamina überdurchschnittlich abzuschneiden. Dies gilt für Bachelor-of-Law-Prüfungen natürlich gleichermaßen, wenn sie durch Falllösungsklausuren zu erbringen sind.

Wie kann nun am effektivsten mit diesem Buch gearbeitet werden?
Wer mit der juristischen Ausbildung beginnt, wird sich mit diesem Buch einen Überblick darüber verschaffen können, was gute oder exzellente Leistungen ausmachen, insbesondere in den Staatsexamina. Welche wichtige Rolle Details zukommt und dass von Anfang an Struktur der Schlüssel zum Erfolg ist. Fehler beim Einstieg zu vermeiden, kann Ihnen viele Umwege oder schmerzhafte Rückschläge ersparen. Trügerische Sicherheiten gar nicht erst aufkommen zu lassen, dabei können die hier gegebenen Hinweise helfen. Instrumente zur besseren Durchdringung des Stoffes, der so wichtigen Wiederholung und Aktualisierung der Inhalte möchte dieses Buch allen geben, die sich auf das Abenteuer einer juristischen Ausbildung einlassen. Wer das hier ins Visier genommene Methodenwissen verinnerlicht, wird sich souveräner den so wichtigen Prüfungen stellen können.

Diejenigen, die mittendrin sind im Jurastudium, werden in diesem Buch Hinweise finden, wie Lücken geschlossen, bekannte Inhalte besser herausgearbeitet und Klausuren oder Hausarbeiten effizienter geschrieben werden können. Das Buch erinnert daran, wichtige Elemente, die schnell vergessen werden, wieder in den Blick zu nehmen. Ein Abgleich mit dem eigenen Lernverhalten kann auch durch die punktuelle Lektüre einzelner Kapitel optimiert werden. Das Buch soll zur Selbstoptimierung anhalten und Anlass zur Neubeschäftigung auch mit bekannten Bereichen anregen.

Wer vor einem der Examina steht und noch einmal an wesentlichen Details arbeiten möchte, wird in diesem Buch Erläuterungen dazu finden, was vielleicht bisher im toten Winkel lag. Das Buch möchte Aspekte vermitteln, die für gute Leistungen wesentlich sind, aber nicht unmittelbar mit dem Stoff zu tun haben. Der Perspektivwechsel dazu, nach welchen Kriterien die eigene Leistung tatsächlich von Prüferinnen und Prüfern eingeordnet werden könnte, kann wesentliche Vorteile bringen.

Nehmen Sie dieses Buch auch nach der ersten Lektüre immer mal wieder zur Hand. Kleben Sie gelbe Zettel hinein. Gleichen Sie über Ihre Ausbildung hinweg die behandelten Aspekte mit Ihren eigenen Erfahrungen ab. Stellen Sie sich immer wieder den Anforderungen, die in diesem Buch adressiert werden, jedoch letztlich aus der Natur der Sache erwachsen. Wen das Buch, auch bei einem erneuten Lesen, daran erinnert, sich noch mehr zu strecken, am Ball zu bleiben und nie aufzugeben, wird profitieren. Jura-Examina gehören zu den schwersten Prüfungen, denen sich Studierende in Deutschland stellen können. Es gehört so viel mehr dazu, als Normen und Theorien auswendig zu können. Dieses Buch zielt auf das Set an Fertigkeiten ab, die mitwachsen müssen und deren Aufbau und Pflege anstrengend und ermüdend sind. Es geht um kleine und große Wahrheiten, die jeder kennt und viele doch verdrängen. Die wiederholte Lektüre dieses Buches sollte Anreize setzen, für jeden Punkt im Examen in jedem Moment zu kämpfen.

Lesen Sie los. Fangen Sie irgendwo an. Haben Sie keine Angst!

2. Juristen sind Strukturmaschinen

Der Satz „Juristen sind Strukturmaschinen" könnte auch als Vorwurf oder frustrierte Feststellung missverstanden werden. Juristen seien technokratische Entscheider ohne Emotionen und Gerechtigkeitsempfinden, lautet ein oft wiederholter Vorwurf. Das ist aber in diesem Kontext hier nicht gemeint. Vielmehr geht es darum, klarzumachen, dass der an Strukturen orientierte Umgang mit dem Recht in der Prüfung und in der praktischen Rechtsanwendung Voraussetzung für Erfolg, aber auch Grundlage für als gerecht empfundene Entscheidungen ist. Judiz, was mit juristischen Bauchgefühl umschrieben werden kann, ist ohne eine strukturelle Einbindung wertlos. Zwei Beispiele sollen dies verdeutlichen:

Wenn jemand daherkommt und meint, der Download von Musikdateien ohne ein Nutzungsrecht dafür erworben zu haben, sei Diebstahl, so spricht dies für ein gewisses Judiz. Immerhin handelt es sich um eine Urheberrechtsverletzung und das geistige Eigentum ist ein geschütztes Rechtsgut. Jeden Juristen durchzuckt jedoch ein kleiner Schreck bei einer solchen Betrachtung. Erster Anknüpfungspunkt beim Diebstahl i.S.d. § 242 StGB ist nämlich, dass eine bewegliche Sache Tatobjekt sein muss und eben kein nicht greifbares geistiges Eigentum. Das verfassungsrechtliche Bestimmtheitsgebot in Art. 103 Abs. 2 GG zwingt zu einer solchen präzisen Betrachtung. Das zutreffende Judiz, dass bei einem illegalen Download ein Unrecht vorliegen dürfte, hilft bei einer exakten Bewertung daher wenig.

Selbst wenn jemand sehr musikalisch ist und man Musikalität als Pendant zum Judiz versteht, wird jemand ohne die Technik zu erlernen, ein Instrument zu spielen, kaum einen Meisterlevel erreichen können.

Wer viele juristische Klausuren und Hausarbeiten gelesen hat und diese bewerten musste, wird die Erfahrung gemacht haben, dass es einen Zusammenhang zwischen struktureller Dichte, also einer Ordnung der Elemente, und der Qualität der Note gibt. Dies gilt nicht nur für gutachterliche Falllösungen, sondern auch für themenbezogene Arbeiten, wie sie insbesondere in Masterstudiengängen mit rechtlichem Bezug von Studierenden zu erstellen sind. Selbstverständlich gilt dies auch für Doktorarbeiten. Ordnung und Struktur sind letztlich nur ein Teil neben einer Vielzahl von anderen Aspekten. Im Prüfungskontext stellt die Struktur aber quasi das Fundament für überdurchschnittliche Leistungen dar. Sehr gute juristische Arbeiten setzen natürlich neben einer ansprechenden Struktur auch gut begründete Wertungen voraus. Jedoch folgen auch diese, wenn sie fundiert sein sollen, selbst einer Struktur. Dies wird deutlich, wenn quasi aus dem Maschinenraum der juristischen Exzellenz – also den Richterzimmern des BVerfG – berichtet wird. Ein gutes Beispiel dafür ist der Aufsatz der Richterin des Bundesverfassungsgerichts, Professorin Gabriele Britz, zu Art. 3 GG und der vom Bundesverfassungsgericht entwickelten sogenannten „Neuen Formel"[1]. Es wird darin beschrieben, wie Wertungen bei der Anwendung des Gleichheitssatzes herausgearbeitet und in eine Prüfungsstruktur von den Richterinnen und Richtern überführt werden. Aber es wird auch deutlich, welche unterschiedlichen Prüfungsschritte sich über die Jahre entwickelt und vor allem auch verändert haben. Sichtbar wird, dass die Wertungen, die dort entwickelt werden, nicht für sich stehen, sondern eben in eine Struktur eingebunden sind. Dadurch werden diese auch wiederholbar und flexibel für die Anwendung auf unterschiedliche Sachverhalte. In der Sprache der Informatik würde man eine solche Anweisungsstruktur „Algorithmen" nennen. Der Unterschied ist sicherlich der, dass die heranzuziehenden Aspekte zu gewichten und argumentativ an den richtigen Stellen einzubetten sind. Dazu dürfte derzeit noch kein Computerprogramm oder künstliche Intelligenz fähig sein. Dennoch zeigen die Entwicklungen im Bereich der Legal Tech, dass erkannt wurde, dass juristische Wertungen in Algorithmen überführt werden können. Allerdings bisher nur bei sehr einfachen Wertungsmustern wie Flugverspätungen, der Überprüfung der Miethöhe oder der Gestaltung einfacherer Verträge. Jenseits dieser fast handwerklichen Anwendungen scheitert die künstliche Intelligenz noch. Erst ein spezifisches Vorstellungsvermögen im Sinne von Fantasie oder Kreativität macht auf einer strukturellen Basis fundierte Wertungen möglich. Solche Wertungen sprachlich abbilden zu können, ist uns Menschen derzeit und wohl auch noch auf absehbare Zeit vorbehalten. Werden bei Rechtsfragen die Wertungen strukturiert, dann vertieft getroffen und schließlich sprachlich souverän abgebildet, liegt eine überdurchschnittliche juristische Leistung vor. Das klingt erstmal noch ganz einfach.

> **Was können Sie tun, um selbst strukturierter zu werden?**
> – Entwickeln Sie eine Lösungsskizze, wann immer Sie einen Sachverhalt juristisch bewerten.
> – Merken Sie sich abstrakte Aussagen in Normen und Definitionen. Fragen Sie immer nach dem Sinn und Zweck von Vorschriften. Wenden Sie Recht nicht nur an, sondern fragen Sie sich auch, wozu es gut sein soll.
> – Lernen Sie, die Struktur von Normen aus der Gliederung von Kommentaren herauszulesen.
> – Wenn Sie den Überblick aufgrund zu vieler Details einmal verloren haben, ordnen Sie die Details nach einer Struktur.
> – Nutzen Sie nur Ausbildungsmaterial, aus dem Sie strukturelle Zusammenhänge herauslesen können. Das muss nicht das Skript sein, das alle nutzen. Es kann auch ein zunächst langweilig erscheinendes Standardwerk sein.

---

1 vgl. Britz NJW 2014, 346.

3. Visualisierung zur Strukturbildung und Gedächtnishaftung

Eine Visualisierung juristischer Wertungsmuster, man kann so etwas auch „Entscheidungsbäume" oder eben auch „Flussdiagramme" nennen, schlug der Strafrechtsprofessor Fridjof Haft als Lerninstrument bereits in den 90er Jahren vor.[2] In diesem Zusammenhang ist es wichtig zu verstehen, dass es nicht um Selbstverständlichkeiten geht. Die Kenntnis der Prüfungsfolge einer Leistungskondiktion nach § 812 Abs. 1 S. 1 1. Fall BGB („etwas erlangt", „durch Leistung", „ohne Rechtsgrund", „keine Entreicherung") reicht natürlich nicht aus, um ein „vollbefriedigend", „gut" oder „sehr gut" in einer Klausur zu schreiben. Das Bilden von Instanzen, also Oberbegriffen und sich darunter gruppierenden Teilelementen, ist hingegen sehr wohl ein Kriterium guter juristischer Arbeit. Worum es Haft dabei geht, ist auch die Verankerung des Strukturellen im Gedächtnis. Damit ist er nicht allein, denn auch Gedächtniskünstler arbeiten mit Visualisierung und Struktur. Visualisierung soll es dem menschlichen Gehirn leichter machen, auch komplexe Strukturen besser abspeichern zu können. Letztlich findet sich ein solcher Hang zur Visualisierung auch darin, nach Beispielen zu fragen oder Metaphern zu verwenden. Die Eselsbrücke – selbst eine Metapher – allein vermag ebenfalls niemandem zum Topjuristen zu machen. Dennoch findet sich in der juristischen Ausbildung schon seit Langem der Hinweis, zu visualisieren. Dies gilt z.B. für Pfeildiagramme zur Darstellung von Vertragsverhältnissen oder Organigramme zur Darstellung von Gesellschafterverhältnissen bei juristischen Personen. Aber auch Fälle aus der Rechtsprechung, in denen Leute mit Löwen in Parks spazieren gehen, Haifischfleisch handeln oder Lieder auf Borkum singen, evozierten immer schon Bilder in den Köpfen von Juristen.[3] Auch Merksätze in der juristischen Ausbildung wie „Ist das Kind auch noch so klein, kann es dennoch Bote sein" stützen dies.

---

2 vgl. Fridjof Haft, „Einführung ins juristische Lernen".
3 vgl. OVG Hamburg NJW 1986, 2005 (Löwenfall), RGZ 99, 147 (Haakjöringsköd), PrOVG 80, 176 (Borkumlied-Fall).

Was können Sie tun, um Aspekte der Visualisierung zu nutzen?
- Zeichnen Sie Diagramme zu allen Fallkonstellationen, egal in welchem Rechtsgebiet. Dies können Pfeildiagramme, aber auch Flussdiagramme oder Doodles sein.
- Nutzen Sie bei der Bearbeitung von Fällen einen Zeitstrahl, so dass Ihnen Abläufe von Sachverhalten klarer werden.
- Merken Sie sich, wegen welcher dogmatischen Frage welcher berühmte Fall immer wieder herangezogen wird. Verknüpfen Sie die inneren Bilder mit den abstrakten Wertungen.

4. Irrwege vermeiden

Was gilt es nun, aus dieser besonderen Gewichtung strukturierten Arbeitens zu lernen? Was unterscheidet den Prädikatsjuristen oder die Prädikatsjuristin vom Durchschnitt in dieser Hinsicht? Was kann man in seinem jeweiligen Entwicklungsstadium tun, um besser zu werden? Beginnen wir mit dem Anfänger.

Die ersten Vorlesungen sind ein wichtiger Moment im Leben von Studierenden. Die Neugier ist groß. Da werden interessante Aspekte vermittelt. Es wird auch viel von Aufbau und Struktur gesprochen. Letztlich findet aber bei vielen eine Informationsüberflutung statt. Viele fragen sich dann, wofür der eine oder andere Aspekt nun gut sein soll. Nehmen wir ein Beispiel aus dem Strafrecht. Da wird einem etwas erzählt von der Schuld, der individuellen Vorwerfbarkeit. Entschuldigungsgründe im StGB werden erläutert, sogar Beispiele gegeben. Und dann wird erläutert, da gäbe es so etwas wie einen „übergesetzlichen Notstand", der aber nun gerade nicht geregelt sei. Allerhand Rechtsphilosophisches kommt zur Sprache. Die Besonderheit gerade dieser nicht geregelten Konstellation bleibt bei vielen Studierenden dann vielleicht deutlicher im Gedächtnis. Die geregelten Bereiche verblassen möglicherweise. Fehlt es an einer strukturellen Einordnung, wird bei einer gutachterlichen Betrachtung, z.B. in einer Klausur, primär auf den erinnerten Sonderfall abgestellt und eben nicht systematisch vorgegangen. Richtig wäre es, zunächst die im Gesetz geregelten Konstellationen zu betrachten und erst, wenn diese nicht einschlägig sind, die durch Rechtsfortbildung entwickelten Institute zu erläutern und zu subsumieren. Die Konzentration der Aufmerksamkeit des nicht geschulten Zuhörers bei einer Vorlesung ist kein Indiz für Ignoranz oder fehlende Aufnahmefähigkeit. Vielmehr könnte es die Folge erlernter Muster in der Schule sein. Denn dort geht es häufig um die Reproduktion aufgenommenen Wissens, nicht jedoch um die Einordnung des Gehörten in eine zu schaffende oder nicht vollständig aufgedeckte Struktur. Die meisten Studierenden bemerken natürlich irgendwann, dass das Bereithalten einzelner Elemente im Kontext einer Prüfungsfolge für die juristische Falllösung unerlässlich ist. Natürlich gibt es begleitende Arbeitsgemeinschaften, die gerade das vermitteln wollen. Die oben erwähnte Informationsüberflutung führt jedoch häufig zu einer Verzögerung in der Priorisierung der erlernten Inhalte. Dies hat zur Folge, dass wichtiger Stoff der Anfangssemester nicht ausreichend verinnerlicht wird. Wird dies erkannt, führt der sprichwörtliche „Mut zur Lücke" und die scheinbare Abgeschlossenheit der Vorlesungsinhalte in Modulen dazu, dass dem Stoff stets hinterhergelaufen wird. Wird die entstandene Lücke gerade bei den Grundlagenbereichen wie dem allgemeinen Teil des Strafrechts und des Bürgerlichen Rechts sowie beim Staatsrecht und Verfassungsrecht nicht später geschlossen, dürften überdurchschnittliche Ergebnisse nicht mehr zu erreichen sein. Wer tatsächlich später diese Lücke quasi im laufenden Betrieb zu schließen versucht, wird neue Lücken hervorrufen.

Diese fallen nur dann geringer aus, wenn Effektivität und Effizienz der Nachbereitung extrem zunehmen. Das bedeutet schlicht: Mehr lernen in weniger Zeit.
Was kann also schon zu Beginn des Studiums getan werden und was, wenn das Defizit erst später identifiziert wird?
Zunächst ergibt sich die Notwendigkeit einer Beschäftigung mit dem in den Vorlesungen vermittelten Stoff – und zwar gezielt im Hinblick auf ein strukturelles Verständnis. Dies kann je nach Vorliebe sowohl allein als auch in der Lerngruppe erfolgen. Jeder Inhalt, unabhängig von der jeweiligen Aufbereitung in der Vorlesung, muss noch einmal geistig „angefasst" werden. Dies gilt unabhängig davon, ob man eine strukturelle Erfassung vorgenommen zu haben glaubt oder sich keinen Reim machen kann. Vieles erscheint zunächst verständlich, gar einfach, ist es jedoch nicht in einem unbekannten oder nur ungewohnten Kontext. Folgendes Beispiel kann dies verdeutlichen: In einer Vorlesung wird der Erlaubnistatbestandsirrtum im Strafrecht thematisiert. Dies geschieht meist nur in einem kurzen Abschnitt der 90-minütigen Vorlesung. Die Vorlesung ist inhaltlich durchaus fundiert. Der Zuhörer ist jedoch überrascht. Er erinnert sich später nur an das zur Erläuterung gegebene Beispiel. Dies könnten die Dreharbeiten sein, bei denen ein Schauspieler eine Waffe hält und ein Beobachter das Filmset nicht erkennt und von einer Nothilfesituation ausgeht. Vielleicht erinnert sich der Zuhörer sogar noch an die verschiedenen Theorien wie die eingeschränkte Schuldtheorie und die Lehre von den negativen Tatbestandsmerkmalen. Was wird nun bei einer Klausursituation geschehen? Häufig wird direkt unter Umgehung einer vorherigen Prüfung des § 32 StGB und des Ablehnens einer Nothilfelage das Institut „Erlaubnistatbestandsirrtum" auf der Seite der Voraussetzungen zu pauschal angenommen, um dann je nach Kenntnisstand zu einem Ergebnis in Bezug auf die Strafbarkeit zu kommen. Woran liegt es dann aber, dass die Note einer solchen Klausur – eine ordentliche Korrektur vorausgesetzt – sich meist im Bereich zwischen ausreichend und befriedigend bewegen wird? Die Antwort liegt in der strukturellen Gewichtung der Lösung. Die Struktur erfordert es zunächst, ganz unvoreingenommen zu prüfen, ob nicht die Rechtfertigung aufgrund einer Nothilfe nach § 32 StGB vorliegt. Diese Frage darf nicht mit der nicht geregelten Konstellation des Erlaubnistatbestandsirrtums vermischt werden. Es wäre also zunächst der § 32 StGB zu prüfen und dessen Anwendung abzulehnen. Die Uhren sind dann erneut auf null zu stellen und eben darauf einzugehen, dass ein Irrtum über das tatsächliche Vorliegen der Voraussetzungen eines rechtlich anerkannten Rechtfertigungsgrundes vorliegt. Dies setzt voraus, herauszuarbeiten, was sich der Betreffende vorstellt, was aber nicht der Realität entspricht und dann eine darauf bezogene Subsumtion des § 32 StGB vorzunehmen. Erst wenn das abgeschlossen ist, kommen die so viel diskutierten Theorien überhaupt ins Spiel.
Was zeigt dieses Beispiel? Zunächst zeigt es, dass der Wissensstand des Studierenden sich nicht unbedingt in eine überdurchschnittliche Note ummünzt. Es kann jemand alles Nötige wissen und dennoch die Teileelemente *„Ausschluss des*

§ 32 StGB aufgrund objektiv fehlender Nothilfelage", *„Feststellung der subjektiven Wirklichkeit des Irrenden"* und *„Subsumtion des § 32 StGB auf die zuvor festgestellte subjektive Wirklichkeit"* nicht hinreichend differenzieren und nicht auf die enthaltenen Teilaspekte eingehen. Selbst wenn dann die Theorien ordentlich abgearbeitet werden, wird es nicht für die Wunschnote reichen. Hier hilft nur das generelle Erarbeiten einer Struktur. Alles, was die Studierenden in einer Vorlesung hören, muss daher nicht als schlichte Kenntnis, sondern in ein an Prüfungsfolgen orientiertes Koordinatensystem eingeordnet werden. Die Frage muss nicht sein, was ein Erlaubnistatbestandsirrtum ist und wie die Rechtswissenschaft damit umgeht, sondern was ich zuvor mit welcher Prüfungsdichte abgelehnt haben muss, um dann die Voraussetzungen des Instituts in welchem Kontext mit welchen Fragen abzuhandeln. Gelingt dies nicht auf Anhieb, ist es ein ganz profanes Mittel, sich hinzusetzen und mit der erarbeiteten oder nach einer Besprechung einer Klausur präsenten Lösung, eine eigene auf Struktur und Darstellung getrimmte Musterlösung, vielleicht nur des kritischen Teils einer Arbeit, zu formulieren. Dieses Ergebnis sollte dann mit anderen noch kritisch besprochen werden.

Der Hinweis darauf, dass Juristen Strukturmaschinen seien, ist also mehr als eine Mahnung zur Systematisierung des Wissens. Prädikatsjuristen sind daher ausnahmslos Strukturmaschinen in diesem Sinne. Wer also ebenfalls überdurchschnittliche Ergebnisse produzieren will, muss sein Wissen stets im Hinblick auf die ergebnisoffene Rechtsanwendung vorhalten und sich nicht in zusammenhanglosem Detailwissen verlieren.

Es sollte also eine entsprechende Konditionierung erfolgen. Dies kann durch das Suchen nach Hinweisen auf Strukturen oder eben durch eine Systematisierung der Prüfung eines Sachverhaltes erfolgen. Solche Hinweise finden sich in den Vorlesungen selbst, in Aufsätzen wie dem oben zitierten zu Art. 3 GG oder auch in zahlreichen Urteilen. Wer dort seinen intellektuellen Nektar saugt, wird profitieren.

Auch im Referendariat bleibt die Notwendigkeit der Strukturierung und Systematisierung der juristischen Bewertung wesentlich für überdurchschnittliche Leistungen. Folgendes Beispiel soll das verdeutlichen: Bevor im prozessualen Kontext, also im Rahmen der Entscheidungsgründe oder in einem einstufigen Gutachten in einer Anwaltsklausur, die eigentliche Subsumtion begonnen werden kann, bedarf es einer Feststellung des Sachverhaltes nach relationstechnischen Gesichtspunkten. Damit ist gemeint, dass es im Gerichtsprozess im Zivilrecht oft zwei Sachverhaltsdarstellungen gibt. Der Kläger behauptet, der Beklagte sei bei Rot in die Kreuzung eingefahren. Der Beklagte schreibt in der Klageerwiderung, vielmehr der Kläger sei bei Rot gefahren. Im prozessualen Kontext stellt sich dann die Frage nach Beweislast, Beweismitteln und Beweiswürdigung.

Der Sachverhalt ist also nicht allein aus dem Aktenauszug zu extrahieren, sondern es sind die „Geschichten" beider Parteien jeweils für sich zu betrachten. Es ist sehr sorgsam darauf zu achten, ob sich der Tatsachenvortrag von Kläger und Beklagten überhaupt widerspricht. Oftmals basieren Klausuren auf einem unstreitigen Sachverhalt. Beweisfragen treten dann zurück. Selbst wenn etwas als streitig identifiziert wird, darf nicht gleich reflexartig nur auf mögliche Beweismittel abgestellt werden. Vielmehr ist in jedem einzelnen Fall zunächst zu klären, ob der Aspekt überhaupt für die Entscheidung wesentlich ist. Dann erst ist die Frage der Beweislast ins Auge zu fassen. Danach ist eine zukünftige Beweisaufnahme und Bewertung durch das Gericht durchzuspielen. Zu häufig wird – unreflektiert – erörtert, dass irgendetwas bewiesen werden kann. Entsprechend erfolgen dann oft unreflektierte Beweisangebote, sogar für unstreitige Aspekte. Um es klar zu sagen: Im zivilprozessualen Klausurkontext wird sehr sparsam mit Beweisproblemen umgegangen. Letztlich kann eine umfangreiche Beweisaufnahme und Würdigung nicht sicher vorausgesagt werden. Häufig wird erwartet, dass ein „non liquet" erwogen wird. Manchmal wird auch zu problematisieren sein, ob ein Gericht eine Parteivernehmung von Amts wegen nach § 448 ZPO oder eine Parteianhörung nach § 141 ZPO erwägen wird. Das sind jedoch keine Selbstläufer, die vorausgesetzt werden können. Leider geschieht jedoch genau das in Prüfungen. Es wird lieblos etwas angedeutet und der Korrektorin oder dem Korrektor überlassen, sich Wesentliches hinzuzudenken. Während Unerfahrene oft noch zu selbstverständlichen Aspekten zu viel erörtern, wird mit fortschreitender Ausbildungsdauer dann Wesentliches oftmals zu pauschal abgehandelt. Das ist jedenfalls die Erfahrung des Autors, der regelmäßig Übungsklausuren vor dem zweiten Staatsexamen korrigiert und auch schon wiederholt Staatsexamensklausuren korrigiert hat.

Wer in diesen Bereichen strukturelle Defizite über die Jahre nicht bereinigt, wird kaum überdurchschnittliche Klausuren schreiben können. Dies gilt für beide Examina, in denen die hier erläuterten Qualitätsmerkmale gleichermaßen von Bedeutung sind.

Was können Sie tun, um Irrwege zu vermeiden?
- Halten Sie Kurs! Behalten Sie immer Dogmatik und Struktur im Auge. Argumentieren Sie nicht aufgrund von Emotionen oder Meinungen.
- Orientieren Sie Ihre Ausführungen immer an Rechtsfolgen. Jeder Satz muss in einem Bezug zu der Prüfungsfrage stehen. Behandeln Sie keine Fragen einfach so. Schreiben Sie keine Klausur ins Blaue hinein.
- Trennen Sie unbedingt den Grundsatz von der Ausnahme. Argumentieren Sie vom Grundsatz zur Ausnahme. Machen Sie Wertungsmuster transparent. Erläutern Sie Fachtermini und vertrauen Sie nicht darauf, dass Ihr Leser oder Prüfer das schon weiß und daher nur ein Begriff genannt werden muss.

5. Qualitätskriterien juristischer Leistungen

Die Qualitätsmerkmale von überdurchschnittlichen Leistungen, meist Klausuren, aber auch Hausarbeiten, lassen sich ebenfalls strukturell beschreiben. Dies eröffnet dann die Möglichkeit, in den Bereichen das Profil zu schärfen.
Qualität dürfte bestimmt werden aus Merkmalen, die sich auf drei Gruppen verteilen.

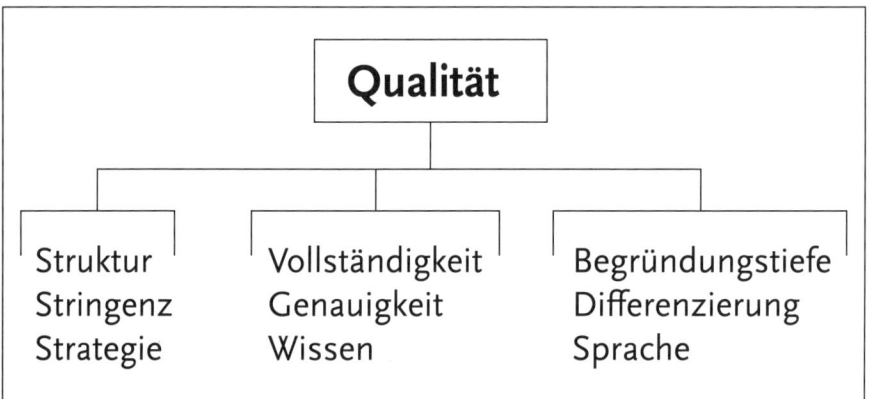

a) Struktur

Struktur in diesem Zusammenhang bedeutet, dass die Darstellung sich in Oberbegriffe und sich darunter differenzierende Merkmale aufteilt. So sind „objektiver" und „subjektiver Tatbestand" im strafrechtlichen Deliktsaufbau Unterpunkte des Merkmals „Tatbestand". Im Verfassungs- und Verwaltungsrecht sind die Merkmale „legitimer Zweck" „Geeignetheit", „Erforderlichkeit" und „Mittel-Zweck-Relation" Unterpunkte des Verhältnismäßigkeitsgrundsatzes. Auch das Verwenden von Gliederungsebenen, um eben diese Einordnung von Oberpunkten und dazugehörigen Merkmalen sichtbar zu machen, gehört zum Aspekt der Struktur in diesem Zusammenhang. Es ist jedoch nicht damit getan, diese Schemata einfach abzuarbeiten, eine gute Struktur erfordert viel mehr. Die „Mittel-Zweck-Relation" ist ein gutes Beispiel dafür. Der Volksmund beschreibt das Wertungsmuster mit einer Analogie: „Nicht mit Kanonen auf Spatzen schießen." Daraus lässt sich eine ziemlich gute Struktur für eine strukturell überdurchschnittlich ausdifferenzierte Prüfung der Mittel-Zweck-Relation entwickeln. Was bedeutet „Mittel-Zweck-Relation" aber nun eigentlich und welche Aspekte spielen hinein?

Häufig erfolgt irgendeine Abwägung, bei der nicht ganz klar wird, was da miteinander verglichen wird. Zunächst gilt es, die mit der Maßnahme oder gesetzlichen Regelung verfolgten Zwecke zu bestimmen und zu bewerten. Dann gilt es dem gegenüberzustellen, welche Nachteile mit der als geeignet und erforderlich bewerteten Maßnahme einhergehen. Schließlich ist zu fragen, ob die einhergehenden Nachteile wesentlich im Verhältnis zu den erstrebten Vorteilen überwiegen. Das Ganze kann noch durch Wahrscheinlichkeitsgrade des Eintretens der Vorteile und der Nachteile verkompliziert werden. Es geht beim Spatzenbeispiel nicht um den Vergleich des Wertes von Spatzen und den Schäden am zerschossenen Marktplatz. Sondern es geht darum, welche Wertigkeit es hat, dass die Tiere vielleicht beim Kaffeetrinken nicht mehr Brotkrumen picken, keinen Dreck machen oder nicht mehr laut zwitschern. Welche Rechtsgüter stehen dahinter, wie stark sind diese betroffen? Dann ist zu ermitteln, welche Schäden an welchen Rechtsgütern mit welcher Wahrscheinlichkeit das Bombardement nach sich ziehen würde. Nur wenn die Beeinträchtigung dieser Rechtsgüter wesentlich die Vorteile überwiegt, ist die Maßnahme unverhältnismäßig. Gleichrangigkeit und ein leichtes Überwiegen der Nachteile wären noch hinzunehmen. Auch eine zur Betrachtung würdigere Konstellation als das sprichwörtliche Spatzenbeispiel lässt sich mit einer solchen Struktur genauer bewerten. Die Strukturierung der Verhältnismäßigkeitsprüfung sowie die rechtswissenschaftliche Analyse einer solchen Prüfung hat bereits Tradition und kann jenseits des hier nur angerissenen Wertungsmusters weitaus stärker ausdifferenziert werden.[4]

Ein strukturiertes Vorgehen kann dadurch eingeübt werden, dass in den Fallbearbeitungen nicht nur grobe Lösungsskizzen, sondern auch Aspekte feiner in einer solchen aufgelöst, also spezifiziert, werden. Ein Merkmal mit (+) oder (-) zu kennzeichnen, wie dies häufig in einer Lösungsskizze erfolgt, lässt viel Raum. Meist werden die Aspekte dann ohne vorherige Reflexion zu oberflächlich abgearbeitet. Um hier eine überdurchschnittliche Bewertung wahrscheinlicher zu machen, ist erneut ein Zerlegen in Teilaspekte auch schon in einer Lösungsskizze empfehlenswert. Als Beispiel kann hier erneut die Prüfung der Verhältnismäßigkeit, diesmal im Strafrecht, dienen. Hier das Merkmal der „Erforderlichkeit": Die Strafbarkeit des Schülers, der sich – bedrängt von den Mitschülern – nur mit einem gezielten Schlag auf die Nase des Mitschülers zu verteidigen weiß, setzt eine Prüfung des Verhältnismäßigkeitsgrundsatzes im Rahmen des § 32 StGB voraus. Als Alternative in einer Lösungsskizze zu „Erforderlichkeit (+), weil kein milderes gleich effektives Mittel verfügbar" kann z.B. wie folgt die abzubildende Wertung schon in einer Skizze vorweggenommen werden:

Klar dürfte sein, dass es kein – hinsichtlich der Eingriffsintensität in fremde Rechtsgüter – milderes, gleich effektives Mittel geben darf. Die Wertung ist stets

---

4 vgl. Klatt/Meister JuS 2014, 193.

> *Erforderlichkeit (+)* → *Schlag beeinträchtigt körperl. Unversehrtheit durch mit Schmerzen verbundene, blutende Verletzung.*
> *Alternative wäre Wegschubsen. Beeinträchtigung auch körp., aber niedrigschwelliger, keine langanhaltende Beeinträchtigung.*
> *Vergleich Effektivität* → *Alt. durchaus geeignet, jedoch Wahrscheinlichkeit der Verletzung bleibt hoch, da Alt. Angriff nicht sicher stoppt. Schlag hingegen führt sicher zu Abbruch des Angriffs.*
> *Weglaufen kann keine Alt. sein, da Verteidigung Wertungsvorrang hat: „Recht braucht Unrecht nicht zu weichen."*

überzeugend, wenn eben ein milderes Mittel erwogen und die Effektivität verglichen wird.

Diese Form der Skizze ist länger. Worauf dann einzugehen ist, ist jedoch bereits einmal skizziert. Das Aufschreiben zwingt dazu, die Aspekte zu ordnen. Wer zumindest eine Zeit lang solch längere Skizzen fertigt, wird bei zunehmender Souveränität auch mit einer kürzeren Lösungsskizze strukturierte Darstellungen liefern. Das Zerlegen in Strukturelemente im Rahmen von Argumentationen muss nicht unbedingt in einer Skizze erfolgen, fällt jedoch bei entsprechendem Training mit der Zeit leichter. Sind ausdifferenzierte Strukturen für die Anwendungen der typischen Wertungen erst einmal etabliert, kann auch wieder mit kürzeren Lösungsskizzen gearbeitet werden.

Struktur bedeutet jedoch nicht allein, dass Ausführungen nach Aspekten gegliedert werden, sondern betreffen auch das Denken selbst. Gemeint ist, sich stets vorrangig um eine analytische Betrachtungsweise zu bemühen. So sollte nicht auf ein gewünschtes Ergebnis hin geschrieben werden. Natürlich macht jeder auch im Umgang mit Struktur Fehler. Das ist normal. Wer aus Fehlern lernt, entwickelt sich weiter. Stets sollten etablierte Strukturen hinterfragt werden. Dies schützt davor, dass sich Irrtümer oder Vereinfachungen einschleichen. Oft zwingt auch eine geänderte Rechtsprechung oder Gesetzeslage zur Anpassung manchmal durchaus liebgewonnener Strukturen.

Wie werden Sie noch strukturierter?
- Lesen Sie Fachaufsätze auch danach, ob Wertungsmuster darin beschrieben und analysiert werden. Lesen Sie einen zweiten solchen Aufsatz, wenn Sie den ersten nicht gut fanden oder zu wenig verstanden haben.
- Lesen Sie immer mindestens zwei Urteilsbesprechungen, um einen anderen Blickwinkel auf wichtige Entscheidungen zu bekommen.
- Memorieren Sie eigene Prüfungsfolgen für Standardprobleme und verfeinern Sie die entwickelten Muster. Machen Sie das auch in den Bereichen, in denen Sie glauben, alles bereits ausreichend gut zu können.

- Schreiben Sie Musterlösungen zu Klausuren, die Sie schon einmal geschrieben haben.

b) Stringenz

Stringenz bedeutet in diesem Zusammenhang, dass die Aspekte aufeinander bezogen werden und keine Widersprüche entstehen. In anderen Bereichen wird „Stringenz" als „Schlüssigkeit" beschrieben. Diese Begrifflichkeit kann jedoch im juristischen Kontext irreführend sein, weil „Schlüssigkeit" im prozessualen Bereich ein „terminus technicus" ist, dem eine fachspezifische Bedeutung zukommt. Logische Fehler, Widersprüche und Brüche in von der Dogmatik vorgegebenen Abfolgen sind nicht stringent. Ein Beispiel für mangelnde Stringenz findet sich häufig in Anwaltsklausuren im Zweiten Staatsexamen: In dem materiellen Gutachten muss geklärt werden, ob eine Tatsache streitig ist und dem Mandanten, wenn er für diese streitige Tatsache beweisbelastet ist, ein belastbares Beweismittel zur Verfügung steht. Unstreitige Aspekte (z.B. solche, die der Gegner einräumt oder zuvor selbst vorgetragen hat) hingegen können im Gutachten ähnlich wie in Klausuren im Studium wie gewohnt subsumiert werden. In vielen Arbeiten wird, ohne zuvor zu klären, ob etwas streitig ist und wer beweisbelastet ist, eine Beweisprognose gemacht. Nicht stringent ist es auch, dann für unstreitige Tatsachen, die im Gutachten schlicht subsumiert wurden, im Schriftsatz Beweis anzubieten.

Im Spatzenfall wäre eine Prüfung der Mittel-Zweck-Relation nicht mehr stringent, wenn feststünde, dass die Vögel beim Kanonenknall wegfliegen, dann aber zurückkommen. Denn das Abfeuern der Kanone wäre dann vielleicht nicht einmal geeignet, um den Zweck zu erfüllen. Die Geeignetheit ist jedoch vorrangig vor der Mittel-Zweck-Relation zu prüfen. Der alte Juristensatz „Alles, was überflüssig ist, ist falsch", ist letztlich auch eine Mahnung dazu, auf Stringenz zu achten. Ähnlich ist der Hinweis, die Haupttat vor der Beteiligung zu prüfen und alle Inzidentprüfungen zu vermeiden. So empfiehlt es sich im Zivilrecht, die unerlaubte Handlung des Verrichtungsgehilfen nicht im Rahmen des § 831 Abs. 1 BGB zu prüfen, wenn parallel auch Ansprüche gegen den Verrichtungsgehilfen selbst geprüft werden müssen. Die dann notwendig werdende Inzidentprüfung ist natürlich kein absoluter Fehler. Aber auch ein unnötiges Verkomplizieren sollte vermieden werden und wird als nicht stringent angesehen. Arbeiten, deren Merkmale ineinandergreifen und die elegant z.B. Inzidentprüfungen umschiffen und Überflüssiges weglassen, werden als souveräner wahrgenommen. Kleine Stringenzmängel mögen für sich genommen die gefundenen Ergebnisse und die diese begründenden Wertungen nicht immer signifikant schwächen, zusammen mit anderen Aspekten führen auch kleinere Unregelmäßigkeiten jedoch dazu, dass Arbeiten nicht mehr als überdurchschnittlich gewertet werden. Echte Stringenzmängel wie Widersprüche oder massive Aufbaufehler können eine Arbeit hingegen auch gänzlich kippen lassen.

Schließlich gehört zur Stringenz, nicht notwendige Ausführungen, die nicht die Bewertung stützen oder einen Zweck erfüllen, wegzulassen. Historische Hintergründe zu einer Norm, z.B. Ereignisse, die den Gesetzgeber zu der Regelung bewogen haben, sind grundsätzlich nicht wertungsrelevant. Diese zu erläutern, ist ebenfalls nicht stringent. Geht es jedoch um die Auslegung eines unbestimmten Rechtsbegriffs, können solche Aspekte im Rahmen einer historischen oder auch teleologischen Auslegung hingegen relevant sein. Was zum Verständnis eines Konstrukts nötig ist, weil es eine wertungsleitende Funktion hat, ist auch stringent. Die hypothetische Betrachtung nicht relevanter Fallvarianten hingegen nicht.

Wie werde ich stringenter?
- Fragen Sie sich immer, ob der Aufbau Ihrer Gutachten sinnvoll geordnet und logisch ist. Machen Sie eine Lösungsskizze, je detaillierter desto besser!
- Solange Ihnen keine Struktur oder Prüfungsfolge für eine Problematik bekannt ist, suchen Sie eine. Gibt es keine, entwickeln Sie selbst eine.
- Befragen Sie Ihren eigenen „gesunden Menschenverstand", ob das, was Sie schreiben, nachvollziehbar, logisch und vollständig ist. Schauen Sie jeden Text nochmal kritisch an.

c) Strategie

Der Begriff der Strategie soll hier nicht in der Weise verstanden werden, dass die gefundenen oder als gerecht empfundenen Ergebnisse selbst durchgesetzt werden, also mit einer Strategie ein konkretes Ziel verfolgt wird. Dies wäre eine anwaltliche Sicht. Vielmehr geht es darum, in Prüfungen zu erkennen, wie die konstruierte Aufgabe am besten angegangen, Ressourcen gut eingeteilt und Inhalte unter Zeitdruck zu Papier gebracht werden. Examensklausuren sind konstruiert und bilden nicht die Wirklichkeit ab. Dies gilt selbst für das zweite Staatsexamen, wo mitunter reale Fälle oder Urteile als Grundlage herangezogen werden. Denn auch dort werden Fälle ausgesucht, die bestimmte exemplarische Probleme enthalten. Dies wird dadurch deutlich, dass häufig bei auf Urteilen basierenden Klausuren noch Probleme hinzugefügt werden. Weiter werden klassische Probleme oft nicht in der Weise eingearbeitet, dass diese allein mit rein reproduziertem Wissen schlicht abgearbeitet werden können. Daher ist es für den Prüfling sehr wichtig, stets noch einmal zu hinterfragen, ob es wirklich die erkannte Problematik ist oder ob doch noch etwas modifiziert worden ist.

Zu einer guten Strategie gehört es auch, möglichen Zeitdruck in die Planung einer Klausurlösung einzubeziehen. Wenn die Wahl besteht, die Falllösung unterschiedlich aufzubauen, sollten die Teile, die die platzierten Probleme enthalten, vorgezogen werden. Das geht aber nur, wenn ein entsprechender Aufbau auch zulässig ist, und nicht Aufbauzwänge dem entgegenstehen. Klausurergebnisse leiden oft darunter, dass in der Absicht, alles perfekt zu machen, relativ unwichtige Teile zunächst sehr sorgfältig bearbeitet werden, dann aber die eigentlichen „Punktebringer" zum Ende zu zügig und damit im besten Fall mit durchschnittlicher Qualität und in ungünstigsten Fall gar nicht mehr bearbeitet werden.

„Strategie" in diesem Zusammenhang ist auch etwas anderes als „Prozesstaktik" im Kontext einer Anwaltsklausur im Zweiten Staatsexamen. Vielmehr geht es darum, die Bearbeitung durch die Augen eines Korrektors zu sehen. Jedoch soll es nicht um Gefälligkeit gehen, sondern darum, keine Ungenauigkeiten auftreten zu lassen. In der Praxis gibt es häufig eine zweite Chance. In Prüfungen nicht. Daher gilt es, den Blick für das Wesentliche zu schärfen. Auch in der Praxis ist eine solches Strategieverständnis nötig. Die eigenen Schriftsätze als Anwalt mit den Augen der bearbeitenden Richterschaft zu lesen, ist essentiell. Häufig werden diese mehr in der Absicht, den Mandanten zu gefallen, formuliert. Ob dies unbewusst geschieht oder tatsächlich gezielt, ändert nichts daran, dass die Richterschaft weitgehend immun ist, was derlei Manipulation betrifft. Sachlichkeit und Präzision, Ordnung und Orientierung an Strukturen sind strategische Aspekte. Eine geordnete Darstellung zu schaffen, stellt insofern bereits ein strategisches Element dar. Eine einfache Übung, sein strategisches Geschick zu schärfen, ist es, bei jeder Klausuraufgabe zu benennen, wo die Schwerpunkte liegen: Weswegen nun gerade dieser Fall ausgesucht wurde? Handelt es sich um ein Standardproblem oder ist es etwas ungewöhnliches Neues? Im Zuge der Corona-Epidemie erschien der Wegfall der Geschäftsgrundlage in § 313 BGB in einem ganz neuen Licht. Häufig werden Klausuren um spezifisch neue Fragestellungen herum erstellt. Leider wird dies dann von den Prüflingen oft übersehen.

> **Wie werden Sie zum besseren Strategen?**
> – In jeder Prüfung steckt etwas hinter der gestellten Fallkonstellation. Lösen Sie nicht einfach nur den Fall. Suchen Sie den Grund dafür, dass der Fall gerade so konstruiert worden ist und speziell ausgesuchte Problemfelder enthält.
> – Weisen Sie den Problemfeldern in Klausuren Wertigkeiten z.B. in Prozent zu und gehen Sie entsprechend detaillierter auf die Bereiche ein, je mehr Prozente Sie zugewiesen haben.
> – Schreiben Sie in Problembereichen nie nur das, von dem Sie glauben, dass man es da sehen möchte, sondern machen Sie auch individuell von Ihnen erdachte Ausführungen.

d) Vollständigkeit

„Vollständigkeit" bedeutet, dass die rechtlichen Aspekte, deren Bewertung in einer Prüfungsleistung erwartet werden, alle zumindest angesprochen werden. Dies erfordert zunächst einmal die Kenntnis der Prüfungsfolgen von Anspruchsgrundlagen, strafrechtlichen Normen, aber auch typischerweise zu erörternden Fragen. Um Überdurchschnittlichkeit in diesem Zusammenhang zu erreichen, reicht die reine Wiedergabe der im Wortlaut einer Norm repräsentierten Merkmale oftmals nicht aus. Vielmehr gilt es zu erkennen, wenn die Rechtsprechung oder Literatur Merkmale ergänzt oder nicht im Gesetz begrifflich bereits verankerte Merkmale ausdifferenziert. Folgendes Beispiel soll dies verdeutlichen:

Psychisch vermittelte Kausalität ist ein Institut im Zivilrecht, durch das die Zurechnung eines provozierenden Verhaltens, z.B. zu einer Rechtsgutverletzung, erfolgen kann. Es geht um Fälle, in denen Personen, die beispielsweise vor einer polizeilichen Kontrolle weglaufen, für mit der Verfolgung einhergehende Verletzungen haften sollen: Polizisten springen aus Fenstern, fallen hin oder erleiden bei Warnschüssen ein Knalltrauma.[5] Die Rechtsprechung hat solche Fälle über die Jahre immer wieder zu entscheiden gehabt. Häufig wird dieser Komplex mit sogenannten „Herausforderungsfällen" assoziiert. Die Fälle zeichnen sich dadurch aus, dass erst eine Entscheidung des Rechtsgutträgers selbst zu einer Rechtsgutverletzung führt. In der Behandlung der Konstellation tauchen häufig Formulierungen auf, die darauf abstellen, ob sich der Geschädigte „herausgefordert" fühlen durfte. Es fällt häufig nicht allzu schwer, eine solche Problematik zu identifizieren. Meist wird dann direkt auf das Merkmal der Herausforderung eingegangen. Da es jedoch ein Problem der Handlungszurechnung ist, wäre zunächst festzustellen, ob das Verhalten als solches äquivalent kausal ist. Auch die Adäquanz der Selbstschädigung ist dann vorab hinführend festzustellen. Erst dann darf auf die von der Rechtsprechung entwickelten Grundsätze eingegangen werden. „Vollständigkeit" bedeutet jedoch auch, mitzuteilen, dass die gängigen Zurechnungselemente allein in einer solchen Konstellation eben noch nicht ausreichend sind. Die Besonderheit hier ist der Faktor, dass eine Entscheidung eines Menschen und nicht alleine die Handlung eines Täters und damit potentiell deliktischen Schuldners zu einer zurechenbaren Rechtsgutverletzung führt. Zur Vollständigkeit zählt in diesem Beispiel, dass

---

5 vgl. zu den Voraussetzungen insbesondere BGH NJW 1971, 1982 – Rasenfall (Abgrenzung allgemeines Lebensrisiko); BGH NJW 1976, 568 – Polizist springt aus Fenster um Minderjährigen zu verfolgen; BGH NJW 1990, 2885, NJW 1996, 1533 und NJW 2012, 1951 Verfolgende Polizisten; OLG Hamm NJW-RR 1998, 815 Warnschuss Tinitus, sowie Medicus Bürgerliches Recht, 21. Auflage, § 25 IV. Abschnitt, Rn 653ff.

1. das Verhalten des Täters zunächst als kausal im Sinne der „conditio sine qua non" anzusehen ist.
2. durchaus auch die Folge nach der Lebenserfahrung erwartbar war (Adäquanz).
3. dann gilt es jedoch festzustellen, dass das Dazwischentreten der Entscheidung des Geschädigten zur Selbstgefährdung den Zurechnungszusammenhang jedoch grundsätzlich unterbricht.
4. nach der Lehre vom Schutzzweck der Norm jedoch dann in Ausnahme zu 3. eine Zurechnung angenommen wird, wenn:
   a) das Verhalten des Schädigers objektiv als herausfordernd angesehen werden kann.
   b) sich ein typisches Verfolgungsrisiko verwirklicht hat und nicht das allgemeine Lebensrisiko.
   c) die Handlung des Geschädigten, die zur Verletzung führte, als solches rechtmäßig ist und entsprechend ein legitimes Ziel verfolgte.
   d) schließlich, die mit der Handlung einhergehenden Nachteile bzw. Risiken nicht gegenüber den geschützten Rechtsgütern überwiegen, wobei entsprechende Wahrscheinlichkeiten für das Eintreten der verfolgten Ziele und der eintretenden Nachteile von Bedeutung sein können.

Die hier lediglich skizzierten Aspekte müssten dann noch jeweils wertungsmäßig orientiert am Fall aufbereitet werden. Die Mitteilung jedoch, dass die Zurechnung dogmatisch aus dem Schutzzweck der Norm abgeleitet wird und dass von der Rechtsprechung neben der Abwägung selbst noch weitere Wertungen entwickelt wurden, komplettiert die Prüfung.

Häufig bleiben Prüflinge hinter ihren Möglichkeiten zurück, weil essentielle Wertungen aus unvollständigen Angaben, insbesondere im Palandt, abgeleitet werden. Eine Zurechnung auf Basis psychisch vermittelter Kausalität wird nämlich in der Kommentierung des Palandts nur sehr kurz und fragmentiert an verschiedenen Stellen thematisiert. Der Kommentar dient aber nicht dazu, Prüflinge im Examen mit vollständigen Wertungsstrukturen auszustatten, sondern dem Praktiker eine Schnellsubsumtion zu ermöglichen und einen Einstieg in die weitere Recherche zu geben. Ohne entsprechendes Zusatzwissen kann daraus allein keine Grundlage für überdurchschnittliche Leistung extrahiert werden.

„Vollständigkeit", um beim Beispiel zu bleiben, bedeutet schließlich aber auch ganz trivial, beim Einprägen und Aktualisieren von Prüfungsfolgen möglichst alle wesentlichen Elemente zu memorieren und immer zu wiederholen. Selbst wenn sich vollständige Strukturen aus Kommentaren herauslesen lassen, kostet das Lesen Zeit. „Vorrätiges Wissen" und wie dies auf verschiedene Merkmale verteilt wird, spart schlicht bei der Bearbeitung von Fällen wertvolle Zeit. Da neben der reproduzierbaren Vollständigkeit auch individuelle Wertungen durchdacht und artikuliert werden müssen, ist Zeit ein wesentlicher Faktor für juristisches Arbeiten mit überdurchschnittlicher Qualität. Erfahrene Juristen ergänzen im Laufe der Zeit zunächst rudimentäre Schemata bei jeder Begegnung mit einer Problematik um sich ergebende neue oder bisher nicht verstandene oder in ihrer Wertigkeit erkannte Elemente.

Manchmal gehen diesem Vorgang schmerzhafte Momente voraus, z.B. wenn Anwälte einen Fall vor Gericht verlieren, weil das Gericht die Tatsachen entsprechend ordnet und Unvollständigkeiten aufzeigt. Manchmal bekommen Merkmale durch die Rechtsprechung selbst oder den Gesetzgeber einen konkreten Platz in einer Prüfungsstruktur. Es wird erneut Bezug genommen auf die bereits erwähnte „Neue Formel" des BVerfG, um Art. 3 GG strukturiert zu prüfen. Ein weiters Bespiel ist die Integration des von der Rechtsprechung entwickelten „subjektiv-objektiven Fehlerbegriffs", der 2002 im Rahmen der Schuldrechtsreform verkürzt in §§ 434 und 633 BGB geregelt worden ist. Die dort geregelte Stufung wird von Prüflingen sogar noch im zweiten Staatsexamen häufig übersehen, so dass primär oder alternativ auf die „übliche Beschaffenheit" abgestellt wird. Eine solche Bewertung – mag sie auch in der Sache sogar in einigen Fällen zutreffend sein – ist nicht vollständig, wenn nicht zuvor eine Beschaffenheitsvereinbarung oder ein von den Parteien zugrunde gelegter Nutzungszweck ausgeschlossen wurde. Manchmal reicht ein einziger Satz, in dem dies festgestellt wird. Exemplarisch kann hier zum subjektiv-objektiven Fehlerbegriff in § 434 BGB auf den Rechtsstreit eines Waffenherstellers und der Bundesrepublik Deutschland verwiesen werden, in dem die Vorrangigkeit der subjektiven Stufe die ganze Argumentationslinie des Verteidigungsministeriums zusammenbrechen ließ.[6] So selbstverständlich das Postulat der Vollständigkeit erscheinen mag, so ist es doch häufig ein Faktor unter mehreren, weshalb eine Leistung hinter den Erwartungen zurückbleibt.

> **Wie schreiben Sie Gutachten die vollständig sind?**
> – Erneut: Machen Sie immer eine Lösungsskizze mit Gliederungsebenen (1.,2.,3. usw.)
> – Überfliegen Sie die Überschriften im Kommentar zu den betroffenen Normen, um sicherzustellen, dass Sie alles berücksichtigt haben.
> – Lernen und wiederholen Sie die gängigen Prüfungsfolgen wieder und wieder.
> – Halten Sie Ausschau nach Ergänzungen und Modifikationen in Urteilen oder gesetzlichen Neuregelungen und passen Sie die von Ihnen erlernten Prüfungsfolgen entsprechend an.

---

6 vgl. Landgericht Koblenz Urt. v. 02.09.2016, Az. 8 O 198/15 = NJOZ 2016, 1700. Das Gericht zitierte für die Vorrangigkeit der subjektiven Stufe allein den Palandt. Eine Berufung gab es nicht.

e) Genauigkeit

„Genauigkeit" bedeutet beim juristischen Arbeiten, Details nicht zu übergehen, sondern auf diese angemessen einzugehen. Gemeint ist allerdings auch die Terminologie exakt einzuhalten. Dies gilt auch für präzise formulierte Definitionen. Es ist nicht unbedingt erforderlich, wichtige Definitionen auswendig zu können. Es reicht aus, mit eigenen Worten das Wesentliche genau wiederzugeben. Oft ist es auch für ein genaues Arbeiten nötig, ausgehend von einer im Gedächtnis befindlichen Definition Details zusätzlich weiter zu bestimmen. Genauigkeit ist besonders dann wichtig, wenn Details Grundlage der später zu treffenden Wertungen sind. Es gibt ganz grobe Ungenauigkeiten, die eben auch Kompetenzmängel signalisieren. Besonders tragisch ist dies, wenn es eben keine Kompetenzmängel sind, sondern schlicht die Fokussierung fehlt.

Als Beispiel dient die deliktische Anspruchsgrundlage des § 823 Abs. 1 BGB: Im haftungsbegründenden Tatbestand der Norm ist Voraussetzung für einen Anspruch zunächst die Verletzung eines dort genannten Rechtsgutes. So kann die Verletzung des Eigentums an einer Sache in einer Substanzverletzung liegen. In Ausnahmefällen kann auch ein Nutzungsentzug einer Substanzverletzung gleichstehen. Die Begrifflichkeit, die Verwendung finden sollte, ist „Verletzung". Wenn in einer Bearbeitung zu lesen ist, dass es eines Schadens am Eigentum bedarf, ist dies ungenau. Ob es als falsch bewertet wird, ist nicht einmal so entscheidend. Die Ungenauigkeit besteht darin, dass der Begriff „Schaden" im Deliktsrecht einen großen Raum im haftungsausfüllenden Tatbestand einnimmt und von den meisten deshalb mit diesem assoziiert wird. Das Bestehen und der Umfang des Vermögensschadens entscheidet über die Höhe des zu beziffernden Anspruchs. Ein reiner Vermögensschaden hingegen erfüllt jedoch nicht den haftungsbegründenden Tatbestand des § 823 Abs. 1 BGB. Häufig geht diese Ungenauigkeit auch mit einer unzulässigen Vermengung von haftungsbegründenden und haftungsausfüllendem Tatbestand einher. Es besteht daher die Gefahr, dass der Leser bereits „konditioniert" wird und die Darstellung als kompromittiert ansieht, da er unbewusst damit rechnet, dass ein Fehler folgt. Dies gilt auch noch für eine weitere, häufig auftretende Ungenauigkeit.

Im Umgang mit dem Trennungsprinzip im Sachenrecht wird häufig so formuliert, als ergäbe sich die sachenrechtliche Folge aus den schuldrechtlichen Rechtsgeschäften. Auch die Bewertung der schuldrechtlichen Ebene im sachenrechtlichen Kontext ohne Bezug zur dinglichen Rechtslage suggeriert Schwächen. Formulierungen wie „A kaufte den Pkw von B und ist damit nach § 929 S. 1 BGB Eigentümer des Pkw geworden" müssen nicht mangelnde Kenntnisse zugrunde liegen. Dennoch ist es ungenau und schwächt die Ausführungen, da die Formulierung die Frage offen lässt, ob der „Kauf" erforderlich ist für die Übereignung. Außerdem ist in § 929 S. 1 BGB gerade nicht der Kauf geregelt, der in Bezug genommen wird. Ungenauigkeiten dieser Art können umgangen werden, indem der Begriff „Veräußerung" verwendet wird: *„Aufgrund der Veräußerung des Pkw von*

A an B wurde B Eigentümer des Pkw" oder „Die Parteien vollzogen den zuvor geschlossenen Kaufvertrag nach § 929 S. 1 BGB und A ist somit der Eigentümer geworden, als B ihm das Fahrzeug übergab."

Eine weitere Ungenauigkeit im Zusammenhang mit Verfügungen über das Eigentum an beweglichen Sachen ist die Kenntlichmachung des Einigungserfordernisses bei Übergabesurrogaten. So ist es ungenau, wenn formuliert wird: „Die Sicherungsübereignung erfolgt im Wege des Besitzkonstituts gemäß § 930 BGB." Es mag penibel erscheinen, aber genau erfolgt die Sicherungsübereignung gemäß §§ 929 S. 1, 930 BGB. Das Zitieren beider Normen macht kenntlich, dass die Vereinbarung des Besitzkonstituts ein Übergabesurrogat darstellt und an die Stelle der sonst erforderlichen Übergabe tritt. Zudem ist nur in § 929 S. 1 BGB der notwendige dingliche Vertrag – die Einigung – geregelt.

Ebenfalls eine häufig auftretende Ungenauigkeit ist die Ableitung der Nichtigkeit eines Rechtsgeschäftes unmittelbar aus § 119 Abs. 1, Abs. 2 oder § 123 Abs. 1 BGB. Wenn eine an Rechtsfolgen orientierte Prüfung erfolgt, dann muss auch die die Rechtsfolgen regelnde Norm zitiert werden. Im Falle einer wirksam erklärten Anfechtung folgt die Nichtigkeit aber allein aus §142 Abs. 1 BGB i.V.m. dem der Anfechtung zugrunde liegenden Anfechtungsgrund.

Diese Beispiele stehen exemplarisch für viele kleine Aspekte, die teils schlicht aus Unbedachtheit übersehen werden, aber auch manchmal auf mangelndes Wissen oder fehlendes Verständnis für Zusammenhänge zurückgehen. Im Zusammenspiel mit anderen Faktoren schwächen solche Ungenauigkeiten Prüfungsleistungen. Wie können in diesem Bereich Verbesserungen herbeigeführt werden?

Zunächst ist das Bewusstmachen solcher Aspekte enorm wichtig. Das Absuchen erstellter Texte nach solchen Ungenauigkeiten und das Lernen aus Fehlern hilft. Es gibt kaum jemanden, dem nicht solche Ungenauigkeiten in seiner Laufbahn unterlaufen sind. Oft hilft es auch, Hintergrundwissen zu haben. Bei dem Beispiel des §§ 929, 930 BGB helfen Kenntnisse über die Entstehungsgeschichte des BGB, um die Genauigkeit in diesem Punkt als Notwendigkeit zu erkennen. Fehlt es an einer wiederholten Beschäftigung mit der Materie, treten solche Ungenauigkeiten allerdings häufiger auf.

Nicht immer führen Ungenauigkeiten dazu, dass zu Papier Gebrachtes eindeutig als falsch anzusehen ist. Es mag auch außerhalb eines Prüfungsregimes, z.B. in anwaltlichen Schriftsätzen, Urteilen oder Bescheiden, in der Praxis unschädlich sein, wenn Absätze von Normen nicht genannt werden oder Normenketten unvollständig sind. Es können so auch durchaus passable Wertungen gefunden werden, so dass die Qualität der Arbeit nicht leidet. Wo Schnelligkeit erforderlich ist, kann sogar eine höhere Produktivität entstehen. Viele Praktiker, nach deren Maßstab Effizienz maßgeblich die Qualität bestimmt, würden der Bedeutung des Genauigkeitspostulats für ihren Bereich sogar vehement widersprechen. Es ist häufig der Vorwurf zu hören, dass manche junge Volljuristen, die in Top-Kanzleien anfangen, zwar beeindruckende Noten hätten, aber viel zu langsam arbeiten würden. Die Arbeitsergebnisse seien dann zwar gut bis sehr gut, aber für Mandanten nicht verständlich, inhaltlich zu tiefgehend und zu akademisch. Topjuristen, die gleich verstehen, dass Effizienz vorrangig ist, solange ordentliche und belastbare Wertungen herauskommen, seien bei der Einstellung daher zu bevorzugen. Dieses Anforderungsprofil lässt sich aber nicht auf die Leistungen im Studium und auf die Staatsexamina übertragen. Wenn es um überdurchschnittliche Ergebnisse in Prüfungen geht, ist das fundierte und genaue Arbeiten eindeutig die richtige Strategie. Die angeblich zu langsam arbeitenden Absolventen müssen immerhin zuvor zu den beeindruckenden Examensergebnissen gekommen sein.

Etwas anderes spielt hier auch hinein und erschwert den Blick auf das Ganze. Ist einmal ein hohes Genauigkeitsniveau beim Umgang mit juristischen Fragen etabliert, ist die bewusste Reduktion einfach. Umgekehrt ist dies nicht der Fall, weil Details im laufenden Betrieb sozusagen hinzugewonnen und memoriert werden müssten. Daher ist es Prädikatsjuristen möglich, zwischen einem Effizienzmodus und einem Qualitätsmodus zu wechseln. Effizienz gibt es auch in Prüfungsleistungen, diese darf aber nicht mit den hier gemeinten Ungenauigkeiten erkauft werden. Wer glaubt, da werde nachher doch nicht so genau hingesehen, der irrt.

Wie werden Sie genauer?
- Lernen Sie Details lieben. Arbeiten Sie nicht nur mit Kurzlehrbüchern oder Skripten. Lesen Sie auch mal die als langweilig verschrienen Lehrbücher und Festschriften. Am besten sichten Sie gleich mindestens zwei, in denen verschiedene Meinungen vertreten werden.
- Machen Sie das vom „Stock zum Stöckchen kommen" einfach mal zu Ihrem Motto. Seien Sie ruhig einmal kleinlich. Das können Sie auch wieder zurücknehmen, sollten Sie es übertreiben.
- Bestimmen Sie einmal einen juristischen Sorgfaltsmaßstab für Alltagssituationen in je drei Versionen: drei, sieben und vierzehn Zeilen lang.

f) Wissen

Wissen ist notwendig. Das ist eine Selbstverständlichkeit und bedarf daher eigentlich keiner Erläuterung. Dennoch sind hier einige Worte nötig, weil viele Studierende viel Zeit in den Aufbau ihres juristischen Wissens investieren und dennoch keine überdurchschnittlichen Leistungen abzuliefern vermögen. Woran liegt das?

Es dürfte im Wesentlichen daran liegen, ob das Wissen quasi „tot" ist, oder aber in strukturierter bzw. dynamischer Form vorliegt. Gemeint ist damit, ob juristische Aspekte miteinander verknüpft sind und Bezüge zu anderen Aspekten hergestellt werden können. Es ist eine Art Wissensgefüge erforderlich. Man könnte es auch „algorithmisiertes Wissen" nennen. Damit soll zum Ausdruck gebracht werden, dass es wie bei einem Computerprogramm nicht nur Daten, sondern auch eine Handlungsanweisung enthält.

Als Beispiel kann das Wissen um die Vorsatzformen im Strafrecht dienen. Als Einstieg kann eine einfache wie auch zunächst recht pauschale Definition, die jeder Studierende bereits im ersten Semester nutzt, dienen: „Vorsatz ist Wissen und Wollen der Tatbestandsverwirklichung." Sprachlich etwas anspruchsvoller ausgedrückt: „Vorsatz setzt die willentliche Verwirklichung des Tatbestandes in Kenntnis aller Tatumstände voraus." Weiteres Wissen vom Vorsatz könnte wie folgt fragmentiert sein:

1. Der Vorsatz ist in § 16 StGB geregelt.
2. Es gibt Vorsatzformen (dolus directus ersten Grades und zweiten Grades sowie Eventualvorsatz).
3. Fehlt davon etwas, fällt der Vorsatz weg.
4. Vorsatz steht im Spannungsverhältnis zur Fahrlässigkeit.
5. Es gibt Irrtümer, die den Vorsatz entfallen lassen können usw.

Es handelt sich für sich genommen und vorbehaltlich einer hier bewusst in Kauf genommenen Vereinfachung um zutreffendes Wissen. Das Wissen ist aber „tot" und für die Bewertung juristischer Sachverhalte in der Praxis, aber vor allem in Prüfungsleistungen, nahezu nutzlos, sofern es nicht in ein Gefüge eingebettet ist. Ein solches könnte wie folgt aussehen:

1. *Zur Bewertung, ob ein Handeln vorsätzlich erfolgt, müssen unbedingt zwei Aspekte der sogenannten inneren Tatseite bewertet werden. Zum einen ein intellektuelles Moment, also: Kennt der Täter alle Umstände? Zum anderen ein voluntatives Element, also: Will der Täter deren Verwirklichung?*
2. *Beide Elemente können in verschiedenen Stufen auftreten. Für das „Wissen" reicht bereits ein „Für-Möglich-Halten" und es gibt nicht nur „Wollen" oder „Nicht-Wollen", sondern auch „das unbedingte Wollen" oder das „billigend in Kauf nehmen". Letzteres geht häufig damit einher, dass der Täter etwas anderes unbedingt will.*
3. *Der Vorsatz ist rechtswissenschaftlich in der Abgrenzung zur bewussten Fahrlässigkeit interessant. Entsprechende Grenzfälle gilt es genauer zu betrachten. Sie können niemals knapp und pauschal betrachtet werden. Die Auswirkung ist für die Strafbarkeit elementar.*
4. *Der Aufbau einer Bewertung muss „Wissen" und „Wollen" streng trennen.*
5. *Der Gesetzeswortlaut des § 16 StGB enthält wenig, an das angeknüpft werden kann.*

Ebenfalls „totes" Wissen liegt vor, wenn anhand von Fallbeispielen Kenntnisse gespeichert werden, wie beispielsweise „Aberatio ictus" liegt vor, wenn der Schütze auf den Hirsch zielt, aber den Jäger trifft. Oder ein bedingter Vorsatz wird angenommen, wenn das Schiff versenkt wird, um die Versicherungssumme zu kassieren, und der Tod der Seeleute als sicher angenommen, nicht gewollt, aber billigend in Kauf genommen wird. Beide Beispiele enthalten durchaus Elemente, aus denen die dahinter liegenden Wertungen wieder abstrahiert werden können. Als Erinnerungsgrundlage können Beispiele durchaus dienen, aber wesentlich für die Rechtsanwendung sind die zugrunde liegenden abstrakten Wertungen und damit die strukturelle Einordnung der Wissenselemente in ein Gefüge.

Grundlage überdurchschnittlicher juristischer Arbeit ist daher im oben beschriebenen Sinne strukturiertes Wissen. Dies setzt eine mehrschichtige Auseinandersetzung mit den zentralen Fragen des materiellen Rechts voraus. Mit mehrschichtiger Auseinandersetzung ist gemeint, dass eine wiederholte Auseinandersetzung mit den rechtlichen Grundlagen stattfindet. Bei jeder Wiederholung des Stoffes sollten im Optimalfall feinere Wertungen im Gedächtnis verankert und die Anwendungsalgorithmen verfeinert werden.

Parallel dient die Wiederholung über die gesamte Studienzeit dazu, Veränderungen im Recht, z.B. durch neuere Rechtsprechung, dem bestehenden Wissen hinzuzufügen. Dies gilt selbstverständlich auch in Form der Fortbildungsverpflichtung für alle Volljuristen und Volljuristinnen, die in den klassischen Berufen tätig sind. Die Frage, die sich dabei ob der Stofffülle stellt, ist, welcher Stoff häufiger und welcher weniger häufig oder intensiv wiederholt werden sollte. Eine Auswertung der Prüfungsordnungen lässt einiges an Stoff wegfallen, was zuvor Vorlesungsinhalt gewesen sein könnte. Der zentrale Stoff sind die klassischen Bereiche. Dass diese in den Examina relevant werden, ist wahrscheinlicher, als dass selten behandelte Nebengebiete Prüfungsinhalt werden.

Es gilt aber noch etwas anderes: Ist tatsächlich eine Materie Schwerpunkt in einer Prüfung, die weitgehend unbekannt ist, wird dies für die Prüfenden genauso sein. Damit verändern sich die Maßstäbe. Es wird dann fast ausnahmslos darum gehen, auf die unbekannte Materie klassische Wertungsmuster anzuwenden. Das kann die Auslegung unbestimmter Rechtsbegriffe sein oder die Frage, ob eine Norm lex specialis zu einer allgemeineren Norm sein könnte. Auch der Umgang mit dem Gesetz – so bestimmte Regelungen überhaupt zu finden – und deren Anwendungsbereich zu bestimmen, kann dann entscheidender sein als Detailwissen. Kommentare speziell für Studierende sind häufig so gestaltet, dass die Kommentierung auf das Standardwissen reduziert wird. Spezielle Fachzeitschriften fassen tatsächlich relevante Bereiche gut zusammen oder enthalten Erläuterungen zu wesentlichen Urteilen. Auch in den Standardzeitschriften finden sich häufig Artikelreihen zu Entwicklungen in einem Rechtsgebiet. Mit einer Online-Recherche in den großen Portalen der Verlage lassen sich entsprechende Inhalte finden. Auch die Hochschulen selbst bieten sehr gut kommentierte Rechtsprechungsübersichten nach Themengebieten orientiert an.

Das Lesen von Urteilen führt oft nicht unmittelbar zu einem Aufbau der Form des hier beschriebenen Wissens, da Urteile schlicht nicht zur Wissensvermittlung oder als Richtschnur in Prüfungen gedacht sind. Mehrere Urteilsbesprechungen zu lesen, die häufig kürzer als die Urteile selbst sind, ist zum Aufbau strukturellen Verständnis oftmals sehr hilfreich. Die Frage muss immer sein: Was für Auswirkungen hat die in der Entscheidung enthaltene Wertung auf andere Fälle? Welche konkreten Begriffe werden wie verwendet? Bei jeder Wiederholung muss eben auch eine entsprechende Vertiefung erfolgen. Das mehrfache Lesen des selben Kurzlehrbuchs betrachtet immer auch dieselbe Perspektive und führt oft nicht zu einem Anwachsen des Wissens. Diversifizierung ist auch hier unerlässlich.

Letztlich ist der Erwerb, Erhalt und die Pflege der Kenntnisse von Dogmatik, Vorschriften und Wertungsmustern, wie sie in Rechtsprechung und Lehre auftauchen, Grundlage für ein Arbeiten mit überdurchschnittlich fundierten Ergebnissen. Bestimmte Probleme muss ein Rechtsanwender kennen, sie lassen sich nicht ableiten, und Intelligenz braucht Bausteine, mit denen sie arbeiten kann. Ohne stetige Beschäftigung mit den Inhalten und Wiederholung des Stoffes, der eigentlich schon lange bekannt ist, geht es nicht. Der Blick, z.B. auf den allgemeinen Teil des Strafrechts oder auf die Rechtsgeschäftslehre im Zivilrecht, ist schon im vierten Semester für viele ein völlig anderer als im ersten. Im Referendariat, kurz vor dem Zweiten Staatsexamen, wird der Blick für viele noch klarer, wenn vermeintlich vertraute Inhalte neu betrachtet werden. Je früher eine entsprechende Verdichtung des Wissens erfolgt, desto wahrscheinlicher ist ein sehr souveräner Umgang damit.

Wie verbessern Sie ihr aktives Wissen?
- Wiederholung, Wiederholung und nochmal Wiederholung!
- Diskutieren Sie in Gruppen den Stoff. Erklären Sie anderen Inhalte und lassen Sie sich auch korrigieren.
- Machen Sie es wie Sokrates! Gehen Sie davon aus, dass Sie nichts wissen und freuen Sie sich auf Input und Wiederholung.
- Machen Sie sich nichts vor. Generationen vor Ihnen meinten bereits, man könne das nicht alles wissen. Dennoch haben etwa 10-15% immer schon Prädikatsexamen geschrieben. Also nicht verzweifeln. Jeder kann genug wissen für eine exzellente Leistung.

g) Begründungstiefe

Mangelnde Begründungstiefe ist die Ursache für viele mittelmäßige oder schlechte Leistungen im juristischen Bereich. Es gibt Rechtsfragen, die besonders wichtig sind und daher über Noten entscheiden. Es sind kritische Elemente in einem Wertungsgefüge. Sind solche Merkmale bei der Bearbeitung identifiziert, bedarf es einer vertieften Auseinandersetzung mit ihnen. Ein zu schnelles Annehmen oder Ablehnen eines solchen Merkmals kann dann fatal sein, auch wenn das Ergebnis gut vertretbar erscheint. Die in der Stolpe-Entscheidung[7] des Bundesver-

---

7 vgl. BVerfG, Beschluss vom 25. 10. 2005 – 1 BvR 1696/98.

fassungsgerichts enthaltenden Wertungen sollen hier als Beispiel herangezogen werden:

Bei mehrdeutigen Aussagen mit persönlichkeitsrechtlichem Bezug muss je nachdem, ob es sich bei dem Anspruch, der geprüft wird, um einen Unterlassungs- oder einen Schadensersatzanspruch handelt, die verletzende oder die nicht-verletzende von mehreren Deutungsvarianten der Bewertung zugrunde gelegt werden. Diese Aussage beschreibt sicherlich irgendwie den Inhalt des Beschlusses, ist aber doch sehr knapp und wird auch viele Juristen zunächst nicht befriedigen. Es ergeben sich diverse Fragen. Ohne weitere Erläuterung ist die Aussage zur Stolpe-Entscheidung daher allenfalls durchschnittlich. Kommunizieren zwei Kundige miteinander, wird der Zuhörer oder Leser möglicherweise darin ein Indiz für fundiertere Kenntnisse im Äußerungsrecht sehen. Immerhin ist es eine Art Leitsatz. Der tatsächliche Leitsatz des Beschlusses lautet:

„*Verletzt eine mehrdeutige Meinungsäußerung das Persönlichkeitsrecht eines anderen, scheidet ein Anspruch auf deren zukünftige Unterlassung – anders als eine Verurteilung wegen einer in der Vergangenheit erfolgten Äußerung, etwa zu einer Strafe, zur Leistung von Schadensersatz oder zum Widerruf – nicht allein deshalb aus, weil sie auch eine Deutungsvariante zulässt, die zu keiner Persönlichkeitsbeeinträchtigung führt.*"

Auch dieser Leitsatz hilft dem Leser zunächst nur begrenzt weiter. In einer schriftlichen Darstellung kann zwar für den Leser aus dem Leitsatz ersehen werden, dass zunächst geprüft werden muss, ob die zu bewertende Aussage mehrere schlüssige Deutungsalternativen zulässt und dann auf die verletzende oder eben eine falsche Aussage enthaltende Deutung abzustellen ist. Ohne weitere Erläuterungen muss sich der Leser, gerade wenn er das als Prüfungsleistung bewerten soll, einige Aspekte hinzudenken, um die Beschreibung auch hinsichtlich der dahinterstehenden Wertung zu verstehen. So liefert die Entscheidung des Bundesverfassungsgerichts die Begründung für die Schlechterstellung des Unterlassungsschuldners mit der für ihn ungünstigen Deutungsvariante. Eine wirklich vertiefte Durchdringung kann hier nicht erfolgen, dennoch sollte auf den grundlegenden Unterschied des auf die Zukunft gerichteten Unterlassungsanspruchs im Gegensatz zu dem repressiven Zweck einer strafrechtlichen oder aber einer deliktsrechtlichen Bewertung hingewiesen werden. Um dies zu erreichen, könnte der oben gewählte Leitsatz wie folgt ergänzt werden:

> *Bei mehrdeutigen Aussagen muss je nachdem, ob es sich bei dem Anspruch, der geprüft wird, um einen Unterlassungs- oder einen Schadensersatzanspruch handelt, die verletzende oder die nicht-verletzende von mehreren Deutungsvarianten der Bewertung zugrunde gelegt werden. Grund für diese Schlechterstellung des Unterlassungsschuldners bei mehrdeutigen Aussagen sieht das Bundesverfassungsgericht darin, dass der Unterlassungsanspruch auf die Zukunft gerichtet ist und die Auswirkung des Anspruchs selbst nicht so weitreichend ist. Bereits durch eine Klarstellung, dass eben die nicht-verletzende Deutungsvariante gelten soll, kann der Schuldner dem Unterlassungsanspruch wirksam entgegentreten. Bei Rechtsfolgen auf repressiver Grundlage ist dies hingegen nicht möglich, da der Verletzer entstandene Schäden ausgleichen muss oder strafrechtlichen Sanktionen ausgesetzt wäre. Daher soll aufgrund dieser weitreichenderen Folgen dann die für ihn günstigere Deutungsalternative gelten.*

Ein weiteres, nicht ganz so abstraktes Beispiel ist die Bestimmung einer Pflichtverletzung im Sinne des 280 Abs. 1 BGB als Grundlage für eine Anwaltshaftung:
    Reicht der Anwalt eine Klage, die durchaus Erfolgsaussichten gehabt hätte, erst nach Eintritt der Verjährung, z.B. nach Ablauf des Kalenderjahres, ein, ist darin eine Pflichtverletzung zu sehen. Diese Feststellung ist sicher auch in dieser Einfachheit richtig. Erneut muss sich der Leser allerdings noch Aspekte hinzudenken, damit die Wertung vollständig nachvollziehbar ist. Folgende erweiterte Formulierung nimmt zusätzliche Aspekte hinzu:

> *Die anwaltlichen Pflichten umfassen eine Prüfung möglicher Ansprüche des Mandanten und des für die Durchsetzung notwendigen prozessualen Vorgehens. Die Einreichung der Klage nach Eintritt der Verjährung schließt eine Durchsetzung des Anspruchs zwar nicht aus, da der Anspruch nicht erlischt und auch tituliert werden könnte. Es muss jedoch stets davon ausgegangen werden, dass der Beklagte Verteidigungsmöglichkeiten prüft oder prüfen lässt und die Einrede der Verjährung entsprechend erheben wird. Die zu späte Einreichung der Klage gefährdet daher die Durchsetzung des Anspruches in so hohem Maße, dass es in der Auswirkung und damit wertungsmäßig einem Erlöschen des Anspruchs gleichsteht. Der Anwalt muss daher die mögliche Verjährung kalendermäßig bestimmen und berücksichtigen, sobald er das Mandat übernimmt.*

Diese Beispiele für Begründungstiefe sollen verdeutlichen, wie Aspekte besser herausgearbeitet werden können. Sinnvoll ist dies natürlich nur, wenn dem Aspekt als einem von mehreren besondere Bedeutung zukommt. Die zusätzliche Erläuterung muss angezeigt sein. Es ist auch nicht nötig, für jedes zu prüfende Merkmal einen Begründungsansatz zu liefern. Es ist die Kunst, zunächst „wichtige" von „weniger wichtigen" Aspekten zu unterscheiden. Die so erkannten Schwerpunkte sind dann mit einer angemessenen Begründungstiefe zu behandeln. Die beiden Beispiele unterscheiden sich insofern, als dass die Wiedergabe einer sehr komplexen und zudem überraschenden Wertung des Bundesverfassungsgerichts stets eine größere Begründungstiefe erfordert. Es wurde in dem

Fall vom Bundesverfassungsgericht eine Entscheidung des Bundesgerichtshofs korrigiert. Bei dem zweiten Beispiel drängt sich die Notwendigkeit einer größeren Begründungstiefe hingegen nicht zwingend auf, da der Rückschluss vom Verjährenlassen einer Forderung auf eine Pflichtverletzung naheliegend ist. Das Beispiel zeigt aber auch, was sich der Leser für den sich aufdrängenden Schluss doch noch hinzudenken muss. Eine Alternative könnte wie folgt aussehen:

Das Einreichen der Klage erst im Januar des Folgejahres stellt eine anwaltliche Pflichtverletzung dar, da mit dem Jahreswechsel die Forderung verjährt ist und daher eine Abweisung der Klage allein durch die Erhebung der Einrede der Verjährung vom Gegner erreicht werden kann.

Die Begründungstiefe sollte daher an die Komplexität und Wertigkeit des untersuchten Aspekts angepasst werden.

> **Wie kann die Begründungstiefe erhöht werden?**
> - Definieren Sie Merkmale nicht mit nur einem Satz. Formulieren Sie mehrere Hauptsätze. Begründen Sie Ihre Meinung nicht mit nur einem Argument.
> - Nehmen Sie nicht nur das naheliegendste Argument. Es gibt nicht nur die niedrig hängenden Früchte. Suchen Sie nach mehreren Argumenten. Klettern Sie auf den Baum der Erkenntnis, auch wenn es Mühe macht.
> - Üben Sie das Formulieren komplexerer Wertungsmuster mit eigenen Worten. Lernen Sie nicht einfach Argumente auswendig.

h) Differenzierung

„Differenzierung" bedeutet, Wertungen deutlicher herauszuarbeiten. Pauschal ausgedrückt, könnte man auch sagen: Wichtiges von Unwichtigem zu trennen. Ähnlich wie bei der Begründungstiefe können nicht alle Aspekte mit dem gleichen Differenzierungsgrad behandelt werden. Dagegen spricht bereits das Effizienzgebot, aber auch die unterschiedliche Komplexität der einzelnen Aspekte. Etwas, das wertungsmäßig eindeutig ist, über das notwendige Maß hinaus zu erläutern, ist insbesondere aufgrund der knappen Ressource Zeit in einer Prüfung nicht zu empfehlen. Wenn es zu klären gilt, ob eine Armbanduhr eine Sache i.S.d. § 90 BGB ist, bedarf es lediglich des Abgleichs, dass es sich um einen körperlichen Gegenstand handelt. Es bedarf keines weiteren Hinweises, z.B. darauf, dass die Sacheigenschaft unabhängig von den in der Uhr verbauten Materialien ist. Es gibt jedoch Fragestellungen, die einer kleinteiligeren Betrachtung bedürfen. Dieses gilt es zu erkennen und bei jeder juristischen Bearbeitung schon im Stadium der Gliederung der darzustellenden Inhalte zu berücksichtigen.

Eine Prüfung der Verhältnismäßigkeit bedarf stets einer differenzierten Betrachtung innerhalb einer überdurchschnittlichen Leistung. Es geht nicht allein darum, sich an ein Differenzierungsmodell[8] exakt zu erinnern und es auf einen Fall anwenden zu können. Dennoch führt es bereits zu einer stärkeren Differenziertheit, wenn danach gefragt wird, welche verschiedenen Ziele ein Handeln oder eine Norm verfolgt. Häufig wird nur ein Aspekt herangezogen. Auch die Zuordnung einer Wertigkeit oder eines jeweiligen Ranges ist ein zusätzliches, die Darstellung stärkendes Detail.

Bei der Bewertung der Mittel-Zweck-Relation sowohl die Wahrscheinlichkeiten für das Eintreten der mit der Maßnahme oder dem Gesetz erstrebten Vorteile zu betrachten, führt zu mehr Differenzierung. Differenzierung zeigt sich aber auch darin, wie mit Argumenten umgegangen wird, die gegen die eigene Wertung sprechen. Diese ernsthaft aufzugreifen und zu widerlegen oder jedenfalls zu relativieren, ist essentiell. In diesem Zusammenhang ist mit „Differenzierung" nicht gemeint, bei ausdiskutierten Streitständen, z.B. im Strafrecht, nun jedes auch noch so exotische Argument für eine Theorie auszubreiten und in einer Stellungnahme ausgiebig zu widerlegen. Wenn es die „herrschende Meinung" zu einem Theorienstreit gibt, muss ein Maß der Differenzierung gewählt werden, das an das Sujet angepasst ist. Das heißt, dass die Wiedergabe nicht zu Lasten erst zu entwickelnder Wertungen gehen darf. Geht es nämlich darum, eigene Wertungen an der richtigen Stelle zu entwickeln, wird auch jeder Leser aufmerksamer sein als bei rein reproduzierten Inhalten. Das Gebot der Vollständigkeit bestimmt natürlich den Umgang mit ausdiskutierten Streitständen, das Effizienzgebot begrenzt hingegen den Umgang.

Überdurchschnittlichkeit im juristischen Bereich zeigt sich selten an einer herausragenden Gedächtnisleistung, sondern im differenzierten Umgang mit neuen, individuellen und schwierig zu handhabenden Fragen. Wenn eine zu bewertende Konstellation nicht unmittelbar als neu, individuell oder schwierig erkannt wird, sollte zunächst in einem Sachverhalt nach Aspekten gesucht werden, die ungewöhnlich sind im Vergleich zu bekannten Konstellationen. Ist ein solcher Bereich identifiziert, führt ein differenzierter Umgang eher zu einer überdurchschnittlichen Leistung. „Differenzierung" heißt aber auch, das Gebot objektiven Umgangs einzuhalten. Das Ausklammern von Aspekten, weil diese die eigene oder bevorzugte Position schwächen, ist keine gute Strategie. Die neutrale Betrachtung und damit richterliche Sicht sollte daher in juristischen Gutachten, zu einem guten Teil sogar auch später in anwaltlichen Schriftsätzen, eingenommen werden. Die Parteien in einem Rechtsstreit haben Anspruch darauf, dass Aspekte, um die gerungen wird, nicht pauschal abgearbeitet werden. Daher sollten auch die Argumente oder Aspekte ernst genommen und genau betrachtet werden, die der bevorzugten Wertung im Wege stehen. Häufig lässt

---

8   z.B. ein System wie es Klatt/Meister in JuS 2014, 193 entwickeln.

sich ein höherer Grad an Differenziertheit dadurch erreichen, dass ein Argument nicht schlicht als „falsch" oder „nicht überzeugend" bezeichnet wird, sondern die Wertigkeit desselben betrachtet wird. Folgendes Schema soll dies verdeutlichen:

Aspekt A spricht für die Tatsache A, denn es ist in Bezug auf Wertung A logisch. Immerhin besteht ein Zusammenhang zwischen dem Aspekt A und der Tatsache A als deren Wirkung. Der Kausalzusammenhang allein kann jedoch nicht ausreichend sein, da stets ein normativer Zurechnungszusammenhang gegeben sein muss. Dafür gibt es die tatsächlichen Anhaltspunkte A und B. Diese sind jedoch nicht überzeugend. A ist durchaus indiziell für einen Zurechnungszusammenhang. Jedoch ... B hingegen überzeugt schon im Ansatz nicht, weil der Gesetzgeber damit nicht ... sondern ... verfolgte.

Den Grad der Differenzierung zu erhöhen, lässt sich durch Training erreichen. Schon eine einfache Fragestellung kann dazu dienen, keine eindimensionale Antwort zu geben. Folgender fiktiver Beispielsfall soll dies erläutern:

Ein Patient bekommt eine Diagnose. Der Arzt teilt ihm mit, er habe nur noch sechs Monate zu leben. Die Diagnose ist falsch. Der Arzt hätte dies erkennen können. Nun gibt der Patient all sein Geld, auch das für sein Alter aufgesparte, aus. Haftet nun der Arzt auf die getätigten Überausgaben? Der Patient behauptet, dass er ohne Diagnose sparsam weitergelebt hätte und sein Finanzbedarf eben nur im Hinblick auf das nahende Ende so hochgeschnellt sei.

Nicht weiter problematisch soll hier der haftungsbegründende Tatbestand sein. Die Zurechnung zwischen der schuldhaften objektiven Pflichtverletzung des vertraglich gebundenen Arztes und der Vermögensminderung ist hier der interessante Teil. Was auch immer einem das eigene Judiz sagt, eine schnelle Antwort wird kaum eine differenzierte sein.

Erster Schritt:

Was ist in jedem Fall zunächst festzustellen? Etwas durchaus Naheliegendes, nämlich die Kausalität. Äquivalent und auch adäquat kausal wird das sein können. Die Fehldiagnose kann nicht hinweggedacht werden, ohne dass der Erfolg, also das Aufbrauchen des Vermögens, hinweggedacht werden kann. Damit ist die Fehldiagnose äquivalent kausal für den Vermögensschaden. Die Adäquanz eines solchen Verhaltens könnte schon umfangreicher diskutiert werden. An dieser Stelle soll dieser Punkt jedoch vereinfacht werden, indem wir annehmen, dass die Steigerungen der Ausgaben bei einer solche Diagnose häufiger vorkommt und damit zumindest nicht im Widerspruch zur allgemeinen Lebenserfahrung steht.

Zweiter Schritt:

Irgendwie muss jedoch Berücksichtigung finden, dass der Patient noch eine Entscheidung zur Selbstschädigung, also dem exzessiven Geldausgeben, getroffen hat. Zu einem Totschlagargument kann und darf dieser Aspekt nicht gemacht werden. Auch wird ein direktes Argumentieren mit dem Umstand als solchem nicht ausreichen. Der Arzt hafte nicht, weil der Patient das Geld freiwillig ausgegeben habe und es nicht zur Heilung diente o.Ä., griffe viel zu kurz. Es bedarf daher eines Andockpunktes für den Aspekt.

Dritter Schritt:

Für komplexere Zurechnungsfragen wird häufig die Lehre vom Schutzzweck der Norm herangezogen. Was nicht mittels Äquivalenz und Adäquanz auf der Ebene der Kausalität eliminiert werden kann, muss dieses Zurechnungskriterium passieren. Dies sollte daher auch der nötige Andockpunkt für die freiwillige Entscheidung zur Selbstschädigung sein.

Vierter Schritt:

Es muss ein Zuschnitt erfolgen, der eine differenzierte Wertung zulässt. Was bedeutet denn der Schutzzweck der Norm? Wonach fragt die Lehre vom Schutzzweck der Norm? Sehr abstrakt ausgedrückt, muss es zwischen Pflichtverletzung und Schaden einen Wertungszusammenhang geben. Was heißt das? Die verletzte Pflicht muss normativ gesehen dazu dienen, gerade Schäden der eingetretenen Art zu verhindern.

Fünfter Schritt:

Wozu dienen ärztliche Pflichten in einem Patientenvertrag? Im Hinblick worauf wird der Arzt tätig? Was spielt normativ gesehen der ärztliche Eid für eine Rolle? Soll die Behandlungssorgfalt den Patienten vor finanziellen Einbußen bewahren? Darauf kann es keine feststehende Antwort oder eine auswendig gelernte Definition geben. Vielmehr sollte mit eigenen Worten ein solcher dem Patientenvertrag innewohnender Zweck formuliert werden.

Sechster Schritt:

An dieser Stelle gilt es nun, differenziert zu bleiben und nicht eine Abkürzung zu nehmen. Eine Abkürzung wäre es, die Sorgfalt des Arztes auf die Heilbehandlung als solches zu reduzieren und die Zurechnung nur dadurch zu verneinen. Immerhin gehört es bei der Palliativmedizin, aber auch in der Onkologie, dazu, auch das psychische Wohl des Patienten zu berücksichtigen und Heilungsprozesse auch durch die Einflussnahme auf die Lebensführung des Patienten zu begünstigen. Wo aber endet der Schutzzweck? Können gewisse Ausgaben deshalb zugerechnet werden?

Siebter Schritt:

Hier gilt es, eine strukturierte Darstellung hinzubekommen, die die dogmatischen Hintergründe berücksichtigt und die Wertung auf das Ergebnis hin herausarbeitet. Dies könnte beispielsweise geschehen, indem zunächst erläutert wird, dass die Lehre vom Schutzzweck der Norm nicht per se jede Entscheidung zur Selbstschädigung ausschließt. So kann der Erwerb eines Rollstuhls in Ansehung einer prognostizierten Lähmung erfasst sein. Was unterscheidet nun aber das Abarbeiten einer „Bucketlist" durch exzessives Geldausgeben vom Erwerb eines Rollstuhls, abstrakt gesehen, und wie formuliert man das?

Juristerei ist eine Wertungswissenschaft. Das bedeutet überspitzt ausgedrückt: Es gibt kein „richtig" oder „falsch". Also gilt es, die Wertungsoffenheit im Ansatz auch zu berücksichtigen und eine Unvoreingenommenheit zumindest zu simulieren.

Mit einem wie dem hier skizzierten Schema lässt sich auch der nun strukturierte Fall schriftlich einer argumentativ möglichst differenzierten „Lösung" zuführen. Wer alles unterbekommt, was in den sieben Schritten skizziert wurde, wird seine Differenziertheit sicher verfeinert haben.

> **Wie erhöhen Sie den Grad der Differenzierung?**
> – Sammeln und ordnen Sie die Aspekte, die Ihre Wertung stützen sollen. Entscheiden Sie, welche gewichtiger sind.
> – Nutzen Sie etablierte Wertungsmuster (z.B. Umkehrschluss oder „a maiore ad minus"), um neue Argumente zu entwickeln.
> – Antizipieren Sie auch sich aufdrängende Gegenargumente und gehen Sie auf diese ein. Machen Sie dies nicht nur in der Stellungnahme zu einem Meinungsstreit.
> – Behandeln Sie Wichtiges und Unwichtiges unterschiedlich. Gehen Sie in die Breite, wenn etwas auch für die Benotung essentieller erscheint oder ihm dogmatisch eine größere Bedeutung zugewiesen ist. Die Mittel-Zweck-Relation beispielsweise muss im Rahmen einer Verhältnismäßigkeitsprüfung mehr Gewicht bekommen als die Geeignetheit.

i) Sprache

Der souveräne Umgang mit Sprache ist ein weiterer elementarer Baustein überdurchschnittlicher juristischer Leistungen. Dies wundert wenig. Dennoch werden die sprachlichen Fähigkeiten selten und nur wenig geschult. Es herrscht offenbar die Vorstellung, die sprachliche Ausbildung sei mit der Hochschulreife abgeschlossen. Die juristische Fachsprache erlerne sich aufgrund des stetigen Umgangs damit. Klausuren und Hausarbeiten während des Studiums verdichteten die entsprechenden Fähigkeiten. Es ist zu bezweifeln, dass dies auf die Mehrheit der Studierenden tatsächlich zutrifft. Die eigene Sprache so zu beherrschen, dass sie das Fundament für überdurchschnittliche Leistungen darstellt, erfordert mehr als nur kommunizieren zu können. Hier geht es nicht einmal vorrangig um die Frage, wie bürgernah für jeden verständliche Kommunikation im juristischen Bereich zu erzielen ist. Es geht um den souveränen Umgang mit Fachsprache, wenn sie zum Erarbeiten belastbarer und transparenter Wertungen unter Experten genutzt wird. Dennoch gibt es Gemeinsamkeiten, denn unter einem angestrebten „souveränen Umgang mit Fachsprache" soll nicht die Quantität an Fachbegriffen verstanden werden, sondern Einfachheit, Klarheit und Präzision. Dies gilt für die spontane Wiedergabe fremder wie auch eigener Gedanken.

Lange wurde von Juristinnen und Juristen erwartet, dass sie ein Latinum vorweisen müssen. Später galt es dann als förderlich, aber nicht zwingend notwendig. Wer recherchiert, wird immer wieder den Hinweis darauf finden, dass das deutsche Recht eben auch Ursprünge im römischen Recht habe und daher so viele lateinische Floskeln genutzt würden. Als Beispiele kommen dann „conditio sine qua non", „conditio ob rem" oder „in dubio pro reo". Es gibt Listen mit solchen Sätzen, die sich leicht auswendig lernen lassen. Es dürfte allerdings nicht um das Verständnis solcher einzelnen lateinischen Sätze gehen. Wer versteht, weshalb das so ist, wird die Vorteile des Erlernens dieser alten Sprachen auch auf anderem Wege erarbeiten können. Worum es geht, ist, dass das Erlernen toter Sprachen einen disziplinierteren und reflektierteren Umgang mit der eigenen Sprache sehr begünstigt und auf ein neues Niveau hebt. Warum ist das so?

Wer eine lebende Fremdsprache in der Schule lernt, wird primär angehalten, kommunizieren zu können. Dazu reicht es zunächst, einfache Sätze zu sprechen und damit deren Bedeutung meist intuitiv zu verstehen. Später geht es dann um Textverständnis und den Umgang mit fremden Inhalten. Dazu gehört auch die Wiedergabe von Zeitungs- und Buchinhalten oder Wortbeiträgen. Es entsteht dadurch, was durchaus richtig ist, ein intuitives jedoch kein analytisches Verständnis für die Inhalte. Anders ist dies bei Erlernen einer toten Sprache wie Latein: Das Ziel ist es dabei nicht, bei der Audienz im Vatikan mit dem Papst über die Vorzüge des römischen Nahverkehrs sprechen zu können oder den Inhalt seines Lieblingsbuchs wiederzugeben. Die Vorgehensweise ist vielmehr strukturell-analytisch und nicht intuitiv-adaptiv, wie bei einer lebenden Sprache. Die Übersetzung eines lateinischen Textes bedeutet zunächst die Differenzierung der Sätze und die anschließende grammatikalische Zuordnung jedes einzelnen Wortes. Die Bestimmung des Prädikats, dann des Subjekts und schließlich des Objekts in genau dieser Reihenfolge ist zwingend. Die Übertragung in das Deutsche setzt also Genauigkeit voraus, so dass eine Auseinandersetzung mit fremden Formulierungen im Deutschen viel intensiver erfolgt, als dies bei einer lebenden Sprache der Fall wäre. Was hier in diesem Buch als „Struktur" beschrieben wird, findet sich dort methodisch ebenso wieder wie ein souveräner Umgang mit der gesamten deutschen Grammatik. Ein weiterer Aspekt dürfte eine besondere Rolle spielen. Es gibt bei einer toten Sprache ein extrem differenziertes Feedback auf die Ergebnisse der Übersetzung, da es eben nicht allein um den Inhalt, sondern die exakte sprachliche

Übertragung geht. Was nun kann die Juristin oder der Jurist mit dieser Erkenntnis anfangen, besonders wenn nur lebende Sprachen erlernt wurden?

Zunächst gibt es in der Regel in der juristischen Ausbildung kein fundiertes Feedback zur Qualität der Sprache selbst. Das bedeutet, dass die Fähigkeiten sich auswirken, aber nicht gezielt im Studium entwickelt werden. Daher gilt es für jeden, ob nun mit oder ohne Latinum, seine Sprache immer wieder zu kontrollieren und zu verbessern[9]. Eine zentrale Erkenntnis ist, dass Einfachheit meist Reduktion erfordert. Wenn gleichzeitig mit der Reduktion aber die wesentlichen Informationen erhalten bleiben sollen, wird mehr Aufwand erforderlich sein. Dies bedeutet, dass es einfacher ist, etwas kompliziert auszudrücken, als es einfach auszudrücken. Da in einfachen Formulierungen der Inhalt prägnanter zum Ausdruck kommt, kann mit komplizierter Sprache leichter über Unsicherheit hinweggetäuscht werden. Es kostet also weniger Aufwand, etwas, das man nicht genau weiß oder verstanden hat, umständlich, als es knapp und präzise auszudrücken. Unter Stress verleitet dies oft zu umständlichen Formulierungen. Die eigene Sprache wird nicht mehr reflektiert.

Fachsprache nutzt Fachbegriffe und vereinfacht dadurch die Kommunikation von Experten untereinander. Es entsteht eine Übereinkunft, wie Sachverhalte, aber auch Wertungen ausgedrückt werden können. Studierende bauen im Umgang mit Urteilen, Fachliteratur, aber auch in den Vorlesungen entsprechende Fähigkeiten durchaus auf. Das Übernehmen von Formulierungen birgt aber auch Gefahren. Juristische Inhalte werden nämlich leider nicht durchgehend ausreichend präzise formuliert. Urteile folgen bestimmten formalen Voraussetzungen. Sprache dient in einem Zivilurteil im Tatbestand dazu, die Tatsachengrundlage des Urteils festzulegen und in den Urteilsgründen die Wertungen wiederzugeben, die zu einer Verurteilung oder einer Abweisung der Klage führen. Die Kompetenz der urteilenden Richterin oder des Richters soll nicht in einem Urteil dokumentiert werden, da diese vorausgesetzt wird. Eine Rechtsmittelprüfung wird in der Regel von Anwältinnen und Anwälten vorgenommen, so dass eine auf einen spezifischen Rezipienten im Prüfungskontext zugeschnittene Verständlichkeit in einem anwaltlichen Schriftsatz keine Rolle spielt. Ein Urteil wird nicht für einen Prüfungskontext geschrieben und soll auch nicht bürgernahe Sprache enthalten, sondern eine Entscheidung absichern. Natürlich spielt aber der Umstand, dass Klausuren und Hausarbeiten im Studium im Gutachtenstil verfasst werden, eine Rolle. Aber es findet durchaus eine sprachliche Orientierung an den aufgenommenen Inhalten in Urteilen oder Fachliteratur statt. Hier ist zu differenzieren. Viele Rechtsausführungen in Urteilen sind sehr gut. Immerhin stammen sie von

---

9 Besonders damit hat sich Roland Schimmel in seinem Buch „Juristendeutsch?" auseinandergesetzt. Seine Beispiele und Übungen zeigen Manierismen, Verklausulierungen und verquaste Satzkonstruktionen. Aber das Buch zeigt auch den Weg zu Klarheit und Einfachheit ohne Verluste in der Aussage.

Menschen, die alle juristischen Tugenden verinnerlicht haben. Dennoch führt das Kopieren einer sprachlichen Attitüde nicht automatisch zu mehr Qualität.

Folgende Aspekte sollten beachtet werden. Es geht nicht darum, all diese unter allen Umständen zu berücksichtigen. Vielmehr soll der eigene Umgang zunächst reflektiert werden. Jeder kann dann selbst leicht entscheiden, ob und wenn ja wie an den eigenen Ausdrucksmöglichkeiten gearbeitet werden kann. Dies gilt für jeden Zeitpunkt der juristischen Ausbildung. Niemand sollte glauben, je fertig damit zu sein.

aa) Einfachheit, Klarheit und Präzision der Sprache

Für mehr Klarheit sorgt es, Sätze einfach zu formulieren. Es können dafür isolierte Hauptsätze formuliert werden. Soll ein Nebensatz verknüpft werden, sollte es bei einem Nebensatz bleiben. Der bewusste Einsatz des Aktivs sowie der Verzicht auf Partizipialkonstruktionen ist ebenfalls empfehlenswert. Es gilt zudem stets „licet iovi not licet bovi", um auch hier ein prägnantes lateinisches Sprichwort zu zitieren: „Was dem Jupiter erlaubt ist, ist nicht auch dem Vieh erlaubt" bedeutet, dass komplizierte Formulierungen in der juristischen Welt ihre Berechtigung haben. Jeder ist frei darin, der „Thomas Mann des Rechts" sein zu wollen. Aber nicht jedem gelingt es. Wenn Koryphäen kompliziert formulieren, können sie das tun. Mitunter ist es sehr instruktiv, entsprechende komplizierte Texte zu lesen. Solche Sprache dient aber nicht in erster Linie dazu, im Prüfungskontext genutzt zu werden. Es kann auch durchaus sinnvoll sein, dass nach einer zwischenzeitlichen Vereinfachung der Sprache, sich jemand entscheidet, wieder komplexer zu formulieren. In jedem Fall soll der Umgang mit der eigenen Sprache reflektiert sein. Kompliziertheit der Formulierungen ist gerade kein Wertungskriterium. Jeder, der juristisch arbeitet, sollte seine eigenen Texte immer einmal wieder hervorholen und mit einer kritischen Distanz betrachten. Kann das einfacher, klarer und präziser ausgedrückt werden?

bb) Keine Manieriertheiten

Begriffe wie „vorliegend" oder „verortet" werden inflationär genutzt. Meist sind sie überflüssig. Dies gilt auch für die in Gutachten immer wieder verwendete Floskel, dass etwas „zu prüfen" ist. Der Aufbau eines Gutachtens ist gerade nicht zu begründen.

Folgender Absatz ist typisch für manierierte, unnötig komplizierte aber für den unkritischen Studierenden typische Sprache in einem Gutachten:

> *Zu prüfen ist weiter, ob der A vorliegend vorsätzlich gehandelt hat, was seine Kenntnis aller Tatumstände sowie deren willentliche Artikulation in der Wirklichkeit voraussetzt. Der Vorsatz, gesetzgeberisch verortet in § 16 StGB, zerfällt mithin in ein intellektuell-adaptives und in ein voluntatives Element, das der Täter im Moment der aktiven Umsetzung der Tatbestandsmerkmale voll verwirklichen muss. Im vorliegenden Fall handelte der A erkennend, dass der B nach dem Abfeuern der von ihm zuvor geladenen Waffe tödlich getroffen niedersinken würde, da die Waffe vor sich, mit der rechten Hand*

hochgehalten, aus drei Metern auf dessen linke Brustseite gerichtet abgefeuert wurde, und er erfasste dies vorliegend in voluntativer Hinsicht mit seinem Willen, den dolus directus 1. Grades erfüllend, vollkommen, da er das Ableben des Opfers um jeden Preis anstrebend umzusetzen gedachte. Somit handelte er entsprechend § 16 StGB vorsätzlich.

So ein Ausschnitt aus einem Gutachten kann ohne Verlust von Information und ohne den Verzicht auf wertungsleitende Aspekte auch schlichter formuliert werden:

Fraglich ist, ob der A vorsätzlich gehandelt hat. Vorsatz nach § 16 StGB liegt vor, wenn der Täter in Kenntnis aller objektiven Tatumstände handelt und den Eintritt des Taterfolges will. Die Kenntnis der Tatumstände muss sich auf sein Handeln und die von ihm damit in Gang gesetzten Kausalverläufe beziehen. Erfasst ist auch die Funktion technischer Hilfsmittel wie Waffen. Der A war die Funktionsweise der genutzten Pistole bekannt. Er hatte auf die linke Brustseite des Opfers gezielt und den Abzug betätigt. Da er die Waffe selbst geladen hatte, wusste er, was geschehen würde. Es ging ihm gerade um den Tod des Opfers. Er wollte damit den Taterfolg sogar in gesteigerter Weise. Damit hat A vorsätzlich gehandelt.

Um die sprachlichen Fähigkeiten weiter zu entwickeln, sollte mit verschiedenen Versionen experimentiert werden. So kann die Passage erneut anders formuliert werden:

A könnte vorsätzlich gehandelt haben. Vorsatz i.S.d. § 16 StGB setzt Wissen und Wollen der Tatbestandsverwirklichung voraus. Der Täter muss danach zunächst Kenntnis von seiner Tatherrschaft und allen zum Tatbestand gehörigen Merkmalen bei Ausführung der Tat haben. Dazu gehören auch die Funktionsweise und der Einsatz der benutzen technischen Hilfsmittel wie Waffen. Ebenso der Kausalverlauf und die weiteren Zurechnungskriterien wie die Adäquanz. A lud die Waffe selbst und wusste um ihre Funktionstüchtigkeit. Er richtete sie willentlich und gezielt auf die Brust des Opfers und betätigte den Abzug. Daher wusste er auch, dass der Schuss das Herz des Opfers verletzen und dieses töten würde. Er wollte den Taterfolg und betätigte den Abzug auch willentlich. Somit erfüllte er beide Voraussetzungen des Vorsatzes in intellektueller wie voluntativer Hinsicht. Er handelte somit vorsätzlich.

Viele angehende Juristen legen sich bestimmte Formulierungen zurecht oder lernen diese auswendig, da sie glauben, nur so und nicht anders müsse etwas formuliert werden. Oder gar, bestimmte Formulierungen würden erwartet. Manche reflektieren überhaupt nicht die Qualität der eigenen Sprache. Dies ist ein Fehler. Sprachliche Fähigkeiten sollten immer betrachtet, entwickelt und verbessert werden. Dies gilt auch im Referendariat, wo ganz neue Anforderungen an die Formulierung, insbesondere in den Prüfungsleistungen gestellt werden. Der Urteilsstil ist nicht allein beim Ausformulieren von Urteilen relevant. Auch Vermerke in Anwaltsklausuren sollten zumindest in weiten Teilen im Urteilsstil formuliert werden. Hinzu kommt das Erstellen von anwaltlichen, insbesondere prozessualen Schriftsätzen, ganzen Verträgen oder einzelnen Vertragsklauseln. Eine gezielte und isolierte Beschäftigung mit den sprachlichen Anforderungen dieser sehr unterschiedlichen Facetten juristischer Tätigkeit ist unerlässlich für überdurchschnittliche Leistungen.

Substantiierter Vortrag ist wesentlich in zivilgerichtlichen Klageverfahren. Das klingt zunächst einfach. Es soll detailreich vorgetragen werden. Folgendes Beispiel soll zeigen, dass auch in diesem Bereich ein Arbeiten an der Sprache nützlich sein kann. Oft muss bei einer Klage ein Nebenanspuch auf den erlittenen Gebührenschaden, nämlich die vorgerichtlichen Anwaltskosten, neben der Hauptforderung geltend gemacht werden. Dafür bedarf es aufgrund des Beibringungsgrundsatzes eines klägerischen Vortrags. Oft wird viel zu unspezifisch vorgetragen. Dies liegt sicherlich nicht allein an der sprachlichen Ausgestaltung des Vortrages, dennoch ist die Sprache ein wesentlicher Aspekt.

Dem Kläger steht ein Anspruch auf die Anwaltskosten wie im Antrag zu 2 beziffert zu. Durch das Schreiben vom tt.mm.jjjj sind die Gebühren entstanden, so dass der Beklagte diese nach § 286 als Verzugsschaden auszugleichen hat. Die Beauftragung war angezeigt, da die Beklagte auf Fristsetzung hin nicht gezahlt hat. Es wurde eine Rechnung gestellt, die zu zahlen war.

Der Vortrag ist nicht ausreichend, da nicht zu allen Voraussetzungen des §§ 280 Abs. 1 und 2, 286, 249 BGB die notwendigen Tatsachen vorgetragen werden.

Dem Kläger steht gegen den Beklagten ein Anspruch auf Ausgleich des ihm entstandenen Vorzugsschadens aus §§ 280 Abs. 1 und 2, 286, 249 BGB in Höhe von € ... zu. Der Beklagte befand sich mit der Hauptforderung seit dem tt.mm.jjjj in Verzug. Der Verzug ergab sich aufgrund des unstreitig vertraglich kalendarisch festgelegten Termins („3. des Monats") gemäß § 286 Abs. 2 Nr. 1 BGB. Die Beauftragung des Prozessbevollmächtigten des Klägers erfolgte am 10. des Monats.

Beweis im Bestreitensfall: Vorlage der vom Kläger am 10. mm gezeichneten Anwaltsvollmacht – Anlage Kx

Die Beauftragung bezog sich auf die vorgerichtliche Geltendmachung der Forderung des Klägers gegenüber dem Beklagten. Die Gebühren wurden in Höhe einer 1,3 Geschäftsgebühr nach VV 2300, sowie einer Auslagenpauschale nach VV 7002 zzgl. von 19% USt. nach VV 7008 mit Rechnung vom tt.mm.jjjj abgerechnet.

Beweis: Rechnung des Prozessbevollmächtigten vom tt.mm.jjjj – Anlage Ky

Der Betrag wurde vom Kläger überwiesen und am tt.mm.jjjj dem Konto des Prozessbevollmächtigten des Klägers gutgeschrieben. Der Kläger ist nicht zum Vorsteuerabzug berechtigt, so dass der Beklagte den abgerechneten Bruttobetrag als Verzugsschaden auszugleichen hat. Der Kläger ist auch aktivlegitimiert, da er nicht rechtsschutzversichert ist und somit eine cessio legis nach § 86 I VVG ausscheidet.

Es ist hier nicht einmal entscheidend, dass Beweisangebote gemacht wurden. Mancher wird auch einwenden, für einen so genauen Vortrag bestehe in der Praxis keine Notwendigkeit. Die Gerichte würden das dennoch ausurteilen. Außerdem gäbe es einen richterlichen Hinweis, wenn der Vortrag nicht ausreichend wäre. Warum solle also für so einen Nebenaspekt so viel Aufwand betrieben werden?

Darum geht es aber in diesem Zusammenhang und auch bei Fertigung einer Klausur nicht. Vielmehr soll der Einsatz von Sprache sich an den jeweiligen Erfordernissen orientieren. Die Zivilprozessordnung gibt mit dem Beibringungsgrundsatz vor, was vorzutragen ist. Für alle Voraussetzungen der Anspruchsgrundlage müssen Tatsachen in der Weise geliefert werden, dass das Gericht diese subsumieren kann. Sprachlich kann diese Subsumtion bereits im Vortrag vorgenommen werden, dadurch wird es dem Gericht erleichtert, den Vortrag in die Entscheidungsgründe zu übernehmen. Entsprechend ist die gewählte Sprache an die Anforderungen anzupassen. Mit dem Beispiel soll verdeutlicht werden, dass selbst bei einer Nebenforderung ein reflektierter Umgang mit Sprache nötig ist. Werden die anspruchsbegründenden Umstände nur „lieblos" in einen Schriftsatz aufgenommen, wird dies zudem kaum als überdurchschnittliche juristische Leistung einzuordnen sein.

Ein weiterer Aspekt beim Umgang mit Sprache im juristischen Kontext sind juristische Merkformeln. So ist es beliebt, zur Verdeutlichung der Abgrenzung des Inhalts- und Erklärungsirrtums in § 119 Abs. 1 BGB die beiden Merkformeln „er weiß nicht, was er sagt" und „er will nicht, was er sagt" zu nutzen. Wer dies in einer zu bewertenden Arbeit machen möchte, muss sich zunächst fragen, ob er dadurch Aspekte auslässt. Umfasst eine solche Merkformel alle relevanten Aspekte? Oder bedarf es einer genaueren sprachlichen Umschreibung? Ein Beispiel soll auch hier zeigen, wie unterschiedlich das angegangen werden kann:

Fraglich ist, ob ein Inhaltsirrtum nach § 119 Abs. 1 1. Alt. BGB vorliegt. Ein solcher Irrtum liegt vor, wenn der Sprechende „nicht weiß, was er damit sagt". Der A wusste nicht, dass der Cocktail „Manhattan" nicht dem entspricht, was unter einem „Cuba libre" verstanden wird. Er stellte sich einen „Cuba libre" vor und nicht einen „Manhattan". Er wusste daher nicht, als er einen Manhattan bestellte, was er sagte. Er versprach sich auch nicht, so dass kein Erklärungsirrtum nach Alt. 2 gegeben ist, bei dem gilt „er will nicht, was sagt". Somit lag ein Inhaltsirrtum vor.

Die Wahrscheinlichkeit, dass eine solche Formulierung in einer Klausur nicht angestrichen oder gesondert kommentiert würde, dürfte ziemlich hoch sein. Wie der Aspekt bewertet wird, wird daher selten transparent werden. Es geht hier um Sprache, nicht um die verborgenen, sich möglicherweise ergebenden Abgrenzungsschwierigkeiten, wenn hinterfragt würde, ob der Irrtum an die Inhaltsstoffe anknüpft. Das soll hier nicht thematisiert werden.

Hier nun eine alternative Formulierung unter Verzicht auf die Merksätze:

> *Fraglich ist, ob dem A ein Inhaltsirrtum i.S.d. § 119 Abs. 1 1. Alt. BGB unterlief, als er den „Manhattan" bestellte. Für einen Irrtum ist das Vorliegen einer Fehlvorstellung von der Wirklichkeit erforderlich. § 119 Abs. 1 BGB regelt zwei Alternativen. Der Inhaltsirrtum in Alt. 1 beruht auf dem unzutreffenden Zuordnen der sprachlichen Bedeutung der genutzten Bezeichnung. Der A hatte die Vorstellung, bei einem „Manhattan" handele es sich um einen tropischen Cocktail, der auf Cuba seinen Ursprung habe. Er verband damit auch die Bezeichnung „Manhattan". Die gängige Bezeichnung für einen Cocktail auf Rumbasis mit dem Namen „Cuba libre" kannte er nicht oder sie war ihm jedenfalls im Moment des Bestellens entfallen. Es lag somit eine Fehlvorstellung vor, die an die hinter der Bezeichnung stehende Bedeutung anknüpfte. Dies kennzeichnet gerade den Inhaltsirrtum in Abgrenzung zum in Alt. 2 geregelten Erklärungsirrtum, der das Versprechen oder Verschreiben erfasst. Bei einem solchen Erklärungsirrtum hat der Erklärende sehr wohl die zutreffende Vorstellung, artikuliert diese aber versehentlich falsch. Somit liegt im Fall des A ein Inhaltsirrtum nach § 119 Abs. 1 1. Alt. BGB vor.*

Es wäre auch möglich, die Merksätze sprachlich in angemessener Weise zu nutzen. Es gilt jedoch zu realisieren, dass Anknüpfungspunkt sprachlich der Irrtum ist. Daher sollte auch mitgeteilt werden, was einen Irrtum definiert. Die Qualitätsmerkmale „Genauigkeit", „Differenziertheit" und „Sprache" wirken zusammen. Die Qualität nimmt zu. Das Ausweichen auf Merksätze führt häufig zu einer Pauschalierung. Der Merksatz soll vielmehr dazu dienen, die Bedeutung ins Gedächtnis zu bekommen, um sie dann formulieren zu können. Der Merksatz dient zur Verdeutlichung, sollte aber kein Substitut für die Ausformulierung von Inhalten sein.

Die Auseinandersetzung mit dem Werkzeug Sprache darf nicht vernachlässigt werden. Es ist für Juristen in jedem Stadium ihrer Entwicklung essentiell, ihre sprachlichen Fähigkeiten zu reflektieren und zu optimieren. Dies mag aufgrund der persönlichen Historie bei einigen weniger erforderlich sein, aber bei anderen umso mehr. Überdurchschnittliche Leistungen sind mit durchschnittlichen sprachlichen Fähigkeiten nicht erreichbar. Die meisten Studierenden, aber auch praktisch juristisch arbeitende Menschen, dürften ihren sprachlichen Ausdrucksmöglichkeiten allerdings wenig Aufmerksamkeit schenken. Dies ist ein Fehler, wenn es darum geht, Leistungen auf Prädikatsniveau zu erbringen.

Ein souveräner Umgang mit der deutschen Sprache ist ein weiterer Schlüssel für überdurchschnittliche Leistungen.

Was muss nun geschehen, um sprachliche Fähigkeiten zu optimieren und was sollte vermieden werden?

Natürlich gibt es Vorgaben in der Juristerei, die das Schreiben beeinflussen. Dabei können durchaus auch Formulierungen vorgeben werden. Zu denken ist hier an die strengen Vorgaben des Gutachten- und Urteilsstils. Eine feste sonstige Vorgabe für das juristische Schreiben kann hingegen nicht gemacht werden. Letztlich ist jeder frei darin, wie die Fachsprache genutzt wird. Formulierungen sollten jedoch bewusst eingesetzt werden. Kurze Sätze oder Satzkonstruktionen, bestehend aus einem Haupt- und einem Nebensatz, zu verwenden, ist sicher ein guter Einstieg.

Häufig werden von Juristen jedoch Schachtelsätze gebildet. Dies geschieht in dem Glauben, so eine möglichst „juristische Sprache" zu verwenden.

Negativ-Beispiel (etwas überzogen):

> *Vorliegend steht dem Kläger – unter Berücksichtigung der Rechtsprechung des BGH – der Anspruch zu, da die Einrede, die der Beklagte unberechtigt geltend macht, nicht durchgreift und außerdem auch weitere Anspruchsgrundlagen, darunter §§ 1007 und 961 BGB, den Anspruch stützen. Verortet ist der Anspruch klar in § 985 BGB, der dem Eigentümer einen Herausgabeanspruch gewährt, wenn dieser Eigentümer geworden ist, und das Eigentum nicht im Wege des gutgläubigen Erwerbs verloren hat ...*

Viele Autorinnen und Autoren juristischer Fachliteratur gehen sehr souverän mit der deutschen Sprache um und verwenden auch Schachtelsätze. Die Darstellung bleibt dann auch durchaus verständlich. Wissenschaftlichkeit erfordert Abstraktion. Die Frage ist jedoch, ob eine komplexere Sprache in einer Prüfungsleistung oder auch später in einem erläuternden Anwaltsvermerk für einen Mandanten das richtige Stilmittel ist. Jede gute Juristin und jeder gute Jurist sollte sprachlich in der Lage sein, sowohl fundiert mittels einer einfacheren als auch mittels einer komplexeren Ausdrucksform argumentieren zu können.

Häufig setzt eine „packende Einfachheit" allerdings mehr Aufwand voraus als eine „verschlungene Ausdrucksform". Vereinfachen heißt selektieren und präziser ordnen. Häufig wird auch eine „Flucht in die Komplexität" genommen, um fehlende Inhalte, Argumente oder die eigene Unsicherheit in der Sache zu kompensieren. Das spüren die Prüfer beim Lesen.

Es beginnt mit Kleinigkeiten, die vermieden werden können. Noch einmal: Erläuterungen wie „zu prüfen ist ..." gehören weder in ein Gutachten noch in einen anwaltlichen Vermerk im Examen. Der kundige Leser (Prüfer) soll durch den Aufbau geführt werden und die an der jeweiligen Stelle von ihm erwarteten Inhalte vorfinden. Er kennt den Aufbau der geprüften Normen selbst. Irgendjemand schrieb einmal, es sei wie bei einem Haus, das ein Architekt plane und welches dann gebaut werde. Wenn das Haus fertig ist, bliebe das Gerüst nicht stehen. Dieses sehe man auch in den planerischen Zeichnungen nicht. So solle es auch bei einem Gutachten oder Vermerk sein.

Woran merkt man, dass eine Optimierung des Umgangs mit der eigenen Sprache nötig ist? Ist dies erforderlich oder arbeitet man sich an einem Bereich ab, den man schon ausreichend beherrscht? Immerhin haben die meisten Studierenden oder auch Referendarinnen und Referendare in ihrer Ausbildung bereits Klausuren bestanden. Dies ist ihnen vielleicht auch mit tendenziell überdurchschnittlichen Noten gelungen. Heißt das aber auch, dass die sprachlichen Fähigkeiten nicht mehr verbessert werden können? Gibt es einen Mehrwert?

Die Antwort dürfte eindeutig sein: Ja!

Für jeden, der juristisch arbeitet und sein Niveau verbessern will, ist eine Beschäftigung mit seiner sprachlichen Ausdrucksfähigkeit geboten. Ein solches Investment zahlt sich aus. Klingt wie eine Binsenweisheit? Nichtsdestoweniger wird Sprache vernachlässigt. Es gibt, wie bereits erläutert, keine Vorlesungen dazu. Repetitorien haben in der Regel keine entsprechenden Module, in denen die Studierenden gedrillt werden. Schließlich wird auch das Element Sprache nicht isoliert bewertet. Vielleicht war das in früheren Zeiten auch nicht nötig

Vielleicht war es so, vielleicht mussten aber auch frühere Juristengenerationen sich die sprachlichen Fähigkeiten erst antrainieren. Immerhin hatten die Studierenden früher auch mehr Zeit. Bis zur Einführung des Freischusses in den 90er Jahren gab es eine viel längere durchschnittliche Studienzeit bis zum ersten Examen. Diese lag bei über zehn Semestern. Auch das Referendariat war lange Zeit ein Jahr länger als heute.

Wie es auch immer um die sprachlichen Fähigkeiten von heutigen Abiturientinnen und Abiturienten bestellt sein mag, besser als in den 90er, 80er oder 70er Jahren werden die sprachlichen Fähigkeiten nicht geworden sein. Der Zeitdruck wird auch nicht zu einer Verbesserung geführt haben.

Welche Übungen können nun eine Verbesserung herbeiführen?

Erstens:

Musterlösungen zu bereits geschriebenen und besprochenen Klausuren anhand einer Lösungsskizze zu schreiben, ist ein gutes Training. Eine solche Version könnte dann mit der ursprünglich geschriebenen Übungsklausur verglichen werden. Es muss nicht immer eine ganze Klausur sein. Auch das Erarbeiten von essentiellen Teilen einer Klausur als Text schult sehr. Die Passagen sollten hinterfragt werden. Wer verschiedene Versionen bestimmter Passagen schreibt und auch einmal Begrifflichkeiten variiert, wird etwas daraus lernen. Einmal kann mit einfachen Sätzen und dann einmal mit Schachtelsätzen gearbeitet werden.

Zweitens:

Sprechen mit sich selbst hilft. Sie können Vorlesungen für sich selbst vor dem Spiegel halten. Auch können Passagen in ein Smartphone diktiert werden. Diktieren diszipliniert. Am Anfang mag da so manch wirres Zeug herauskommen, aber mit der Zeit bilden sich die Sätze im Kopf, bevor sie dann ausgesprochen werden. Das hilft auch beim Schreiben von Klausuren. Viele Anwältinnen und Anwälte berichten, sie seien sprachlich noch einmal viel besser geworden, seit sie viel diktieren. Diktieren schützt allerdings auch nicht vor sprachlichen Defiziten. Sicherlich kann es aber eine gute Übung sein.

Drittens:

Das Schreiben von Seminararbeiten oder Fachaufsätzen hilft ebenfalls sehr bei der Entwicklung der sprachlichen Fähigkeiten. Wem das eine Nummer zu groß ist, kann auch einen Jura-Blog schreiben oder seine Lerngruppe mit Urteilsbesprechungen versorgen. Effektiv verbessert auch seine sprachlichen Fähigkeiten, wer gelernten Stoff in eigenen Worten wiedergibt. Zum Beispiel kann das Volkszählungsurteil des Bundesverfassungsgerichts erst inhaltlich durchdrungen werden, um dann ganz ohne Text die wesentlichen Aussagen in eigenen Worten wiederzugeben. Welche konkret in einer Einbettung klausurrelevanten Wertungen enthält das Urteil? Was lässt sich daraus für die Prüfungsfolgen und die Wertungsmuster ableiten?

Es kann zunächst formuliert werden, was jede Juristin und jeder Jurist darüber wissen sollte, um danach anzufügen, was als verdichtetes Wissen verstanden werden könnte. Um die Verständlichkeit der produzierten Texte zu erhöhen, ist es auch eine gute Übung, so zu formulieren, dass Experten die für sie wichtigen Schlüsselbegriffe wiederfinden, aber auch ein Laie es verstehen könnte. Letzteres ist sehr anspruchsvoll, kennzeichnet aber auch überdurchschnittliche Texte und schützt vor der Etablierung von „Juristenlatein" in der eigenen Sprache.

Viertens:

Feedback ist wichtig. Wem es schwerfällt, seine eigenen Texte und Klausuren kritisch zu betrachten und aus Fehlern zu lernen oder neue Formulierungen zu verwenden, soll andere bitten, die Arbeiten auf sprachliche Aspekte hin zu bewerten. Dies erfolgt in der Regel nicht bei der Korrektur von universitären Klausuren oder Übungsklausuren. Pädagogisches Korrigieren setzt nämlich voraus, dass der Korrigierende nicht nur die Inhalte bewertet, sondern auch quasi lektoriert, also Verbesserungsvorschläge an den Rand schreibt. Damit kann aber nicht gerechnet werden. Jeder muss sich seinen Dämonen daher selbst stellen.

Wer es schafft, dass auch erfahrene und sprachlich interessierte Juristinnen und Juristen in Texten eine Entwicklung sehen, wird profitieren. Jeder, dem gesagt wird, seine Texte seien doch gut, sollte skeptisch sein. Entwicklung ist der Schlüssel!

Texte sollten jedoch auf keinen Fall Nicht-Juristen zum Lesen für ein Feedback gegeben werden. Diese können, selbst wenn sie einen akademischen Hintergrund haben, nicht fundiert die Qualität beurteilen. Juristische Laien lassen sich zudem von Fachtermini beeindrucken und kennen die zugrunde liegenden dogmatischen Strukturen nicht.

> **Wie verbessern Sie Ihren Umgang mit Sprache?**
> – Vereinfachen Sie zunächst alle Formulierungen. Vermeiden Sie es, den „Thomas Mann des Rechts" zu geben. Erhöhen Sie den Komplexitätsgrad

Ihrer Sprache erst wieder, wenn Ihnen das Formulieren kurzer Sätze leicht fällt.
- Gewöhnen Sie sich alle Manieriertheiten ab. Lassen Sie nichts „verortet" oder „zu prüfen" sein. Sparen Sie sich „vorliegend" und was sonst noch zu Beginn der Ausbildung so unglaublich „juristisch" klang.
- Redigieren Sie Ihre Texte nicht nur inhaltlich. Seien Sie selbstkritisch mit Ihren Formulierungen. Ringen Sie ganz bewusst um Klarheit und Verständlichkeit. Fertigen Sie zu geschriebenen Klausuren Musterlösungen.
- Üben Sie den Umgang mit der juristischen Sprache, indem Sie zu klassischen Definitionen sprachliche Varianten formulieren üben. Immer wieder, auch etabliertes Wissen, mit eigenen Worten beschreiben.

6. Gefährliche Mythen

Es gibt Glaubenssätze, die viele Studierende, aber auch Referendarinnen und Referendare über Generationen begleitet haben. Man könnte diese Glaubenssätze auch Mythen nennen. Manche sind zutreffende Beschreibungen praxistauglicher Erfahrungssätze. Andere können hingegen toxisch und damit schädlich für die eigene Entwicklung sein. Dies gilt jedenfalls dann, wenn Überdurchschnittlichkeit angestrebt wird. Natürlich hängt das immer davon ab, wie ein solcher Mythos tatsächlich interpretiert wird.

a) Mut zur Lücke

Der „Mut zur Lücke" wird immer dann bemüht, wenn innerlich vor etwas kapituliert wurde. Der Mythos, dass sich die dahinter stehende Einstellung positiv auswirkt, ist trügerisch. Zutreffend ist natürlich, dass niemand alles wissen und beherrschen kann. Das ist bei einer Punkteskala von 0 bis 18 – wo der Durchschnitt bei etwa 6 Punkten liegt und die mit Prädikat geadelte Überdurchschnittlichkeit bei gemischter Bewertung bei 9 Punkten oder bei isolierter Betrachtung einer Leistung bei 10 Punkten beginnt – auch nicht nötig. Schlecht ist es nur, wenn die sprichwörtliche Lücke ausgerechnet dort besteht, wo das Wissen gerade erwartet wird. Wer Lücken in mühsam zu erschließenden, aber zentralen Bereichen nicht aktiv schließt, spielt va banque und liefert sich dem Zufall aus. Ein Spekulieren über Wahrscheinlichkeiten, was Prüfungsinhalt sein könnte und was nicht, ist verheerend.

Wer sich z.B. zulasten des öffentlichen Rechts nur auf das Strafrecht und dort bestimmte Delikte konzentriert, nimmt Abschied von der Überdurchschnittlichkeit. Das Signal an sich selbst, bestimmte Bereiche nicht zu beherrschen, konterkariert die eigene Souveränität massiv. Nun mag vorgebracht werden, dass der Stoff doch viel zu umfangreich sei und daher zumindest bei der gezielten Prüfungsvorbereitung effizient vorgegangen werden müsse, um ausreichend präpariert zu sein. Das ist zutreffend. Es geht aber vielmehr darum, jedenfalls die drei Rechtsgebiete Strafrecht, öffentliches Recht und Zivilrecht sowie eventuelle Wahlfächer nicht gegeneinander auszuspielen. Das Standardwissen innerhalb dieser Bereiche muss präsent gehalten und bis zu den Prüfungen, besser noch ein Juristenleben lang, wiederholt und vertieft werden. Dazu gehört es auch, nach neuer, bestehendes Wissen modifizierender Rechtsprechung oder Veröffentlichungen zu suchen und diese zu verinnerlichen. Randgebiete, bei denen in einer Prüfung klar ist, dass es nicht um Reproduktion von Standards, sondern um den Umgang mit unbekannter oder nur halbbekannter Materie geht, müssen hingegen nicht vollständig durchdrungen werden. Der sprichwörtliche „Mut zur Lücke" wird jedoch ohnehin selten bei Nebengebieten beschworen.

Natürlich kursieren diese Geschichten von Leuten, die nur bestimmte Bereiche gelernt haben und dennoch überdurchschnittlich abgeschnitten haben. Manchmal stimmt das. Aber wer sich auf ein Examen vorbereitet, sollte wissen, dass eine solche Strategie einem „Juristischen Roulette" gleichkommt. Wer sein Abschneiden im Prädikatsbereich nicht allein vom Glück abhängig machen möchte, beerdigt seinen „Mut zur Lücke" besser.

b) Methodenwissen aus der Schule bereitet für ein Studium vor

Die Schulzeit beeinflusst Menschen noch bis ins Studium hinein. Jeder Schüler, jede Schülerin etabliert ein auf schulische Anforderungen hin zugeschnittenes Methodenwissen. Darüber hinaus werden auch sprachlich bestimmte Darstellungsformen entwickelt.

Die gymnasiale Oberstufe hat dann den Anspruch, sich an den wissenschaftlichen Methoden von Universitäten zu orientieren. Da Rechtswissenschaft im Lehrplan in der Regel nicht vorkommt, gibt es keine diesbezügliche Spezifik. Es gibt auch in der Regel keine Lehrkräfte in den klassischen Schulfächern, die über eine rechtswissenschaftliche Ausbildung verfügen. In den Geistes- und Naturwissenschaften herrscht ein von der Rechtswissenschaft abweichendes Bewertungsregime mit anderen Noten. Es ergeben sich daher auch ziemlich abweichende Durchschnitte, was immer wieder zu Diskussionen führt und für Verwirrung sorgt. In vielen naturwissenschaftlichen Fächern müssen die Absolventen durch Zwischenprüfungen, die dafür sorgen, dass das Grundniveau höher ist. Zudem dürfte es in der rechtswissenschaftlichen Ausbildung einfacher und verbreiteter sein, mit einer Fehleinschätzung der eigenen Fähigkeiten bis zu den Staatsexamina zu gelangen, als z.B. im Mathematikstudium.

Gute oder sehr gute Schulnoten bekommen zu haben, stärkt das Selbstwertgefühl, darf aber nicht als aktives Kapital angesehen werden. Grundlegende Fähigkeiten wie logisches Denken, gewissenhaftes oder strukturiertes Arbeiten sind hier nicht gemeint. Fantasievolle Aufsätze, gelungene Gedichtinterpretationen, eine Darstellung zum 30-jährigen Krieg in Aufsatzform, der Aufbau der Zelle oder eine gelungene Kurvendiskussion haben ihren Wert und können durchschnittlich oder gar überdurchschnittlich sein. Dies gilt auch für eine Präsentation zum deutschen Rechtssystem oder der Schrankensystematik der Grundrechte. Es verbietet sich dennoch jede Übertragung.

Das wäre, als wollte man nach einer Karriere im Fußball auf dem selben Niveau plötzlich Basketball spielen. Juristische Gutachten oder Vermerke können nicht wie Aufsätze geschrieben werden. Es kann nicht argumentiert werden wie im Politikunterricht. Fast jede Ergebnisorientierung muss aufgegeben werden. Mit Gerechtigkeitsvorstellungen darf nicht argumentiert werden. Es muss ein Cut erfolgen. Dieser Schnitt geht in jede Richtung:

Derjenige, der sich in der Schule als mittelmäßig eingestuft hat und andere für ihre Leistungen bewunderte, darf sich genauso wenig entmutigen lassen wie sich derjenige mit dem „Einserabitur". Wer glaubt, er werde ein gewisses Niveau nicht erreichen können und alles durch Einsatz in der Praxis wettmachen, kreiert damit die Gefahr einer „self-fulfilling prophecy". Das Vertrauen auf die eigene, in der Schule jedenfalls formal dokumentierte Kompetenz hat in der Juristenausbildung schon für viel Enttäuschung gesorgt. Dies soll nicht darüber hinwegtäuschen, dass jeder mit anderen Stärken und Schwächen in das Rennen geht. Es ist wie bei einem Rollenspiel: Der eigene „Character" muss mit den für die juristische Ausbildung notwendigen Fähigkeiten über die Ausbildung hinweg individuell ausgestaltet werden. Je früher damit begonnen wird desto besser.

c) Nur mit Lernen kurz vor einer Prüfung erreiche ich das Optimum

Diesen Satz hat jeder Akademiker schon einmal gehört. Es schwingt darin stets so etwas wie ein Alleinstellungsmerkmal mit: Einige seien so gut, dass sie unter Druck in kurzer Zeit unglaublich viel leisten können. Es soll tatsächlich Menschen geben, die ihr Kurzzeitgedächtnis laden können und dann eine Zeit lang Zugriff darauf haben wie auf eine Festplatte. Dies mag bei rein auf Reproduktion abzielenden Prüfungen funktionieren. Im Bereich der Juristerei ist die Strategie denkbar ungünstig. Es mag zwar sein, dass bei universitären Klausuren, bei denen das Gebiet feststeht oder durch das Ausschlussprinzip bestimmte Bereiche eliminiert werden können, kurzfristiges Lernen zu punktuell guten Bewertungen führt. Sollen Leistungen jedoch überdurchschnittlich sein, wird die Reproduktion reinen Wissens schlicht nicht ausreichen. Wertungsmuster müssen verdichtet sein, Aspekte durchdacht und kritische, viel diskutierte Aspekte erkannt werden. Letztlich wissen alle, die auf den letzten Drücker noch lernen, dass die Kenntnisse nicht belastbar sind. Das schwächt die Anwendung auch tatsächlich vorhandenen Wissens. Unsicherheiten verstärken sich und es gibt eine Tendenz zur Vereinfachung. Ein Durchkommen wird vielleicht sogar begünstigt, Fundiertheit setzt aber Reflektion voraus. Neue Wertungen müssen durchdacht, im Kopf gewendet und mit unterschiedlichen Sachverhalten durchgespielt werden. Dies ist beim schnellen Lernen jedoch nicht möglich.

> **Wie schütze ich mich davor, in die Mythenfalle zu tappen?**
> – Seien Sie ehrlich zu sich selbst. Fragen Sie sich, weshalb der „Mut zur Lücke" für Sie so verlockend klingt. Sind Sie nur das Lernen leid? Haben Sie Vorurteile bezüglich eines Rechtsgebietes? Wenn ja, dann machen Sie lieber eine Pause und nehmen sich den Bereich später gesondert vor. Vielleicht nicht allein, sondern mit anderen.

- Wenn Sie schon den Stoff selektieren, dann prüfen Sie genau, was Sie stiefmütterlich behandeln wollen. Nur wenn der Bereich wirklich keine Relevanz hat, dann dürfen Sie eventuell darauf verzichten. Ganze Rechtsgebiete oder auch nur relevante Abschnitte, wie z.B. das Sachenrecht, das Versammlungsrecht oder auch nur die Umweltdelikte, sind absolut tabu.
- Denken Sie immer juristisch im Kontext von Studium und Examen. Auswendiglernen, wie es in der Schule mitunter hilft, führt zu totem Wissen. Verabschieden Sie sich davon. Definitionen müssen Sie auch sprachlich anpassen können. Lernen Sie Strukturen und Zusammenhänge, aber keine Satzkonstruktionen wie in der Schule.
- Repetitorien lernen nicht für Sie, sondern unterstützen Sie nur. Prokrastinieren Sie das Lernen also nicht auf ein Repetitorium oder Wiederholungskurse.
- Die juristische Ausbildung ist ein echter Marathon. Die Wertungsmuster müssen zudem aushärten, die sprachlichen und argumentativen Fähigkeiten wachsen. Schnell geht das nicht.

7. Prinzipien aus anderen Disziplinen

a) Das Paretoprinzip

Das Paretoprinzip ist nach Vinfredo Pareto (1848-1923), einem italienischen Wissenschaftler benannt. Es wird auch als 80-20-Regel bezeichnet und dürfte der Schlüssel zu überdurchschnittlichen Leistungen sein. Es kann vielfältig interpretiert werden. Abgleitet wurde das Pareto-Prinzip aus statistischen Verteilungen. Es besagt vereinfacht ausgedrückt, dass mit 20% des insgesamt nötigen Aufwandes zur Erfüllung einer Aufgabe bereits 80% der Anforderungen erreicht werden können. Anders ausgedrückt, werden am Anfang große Fortschritte gemacht – nämlich ein 80%-Fortschritt mit 20% des Aufwandes. Wenn die Ansprüche bei einer 60%en-Qualität gesetzt werden, ist das Leben eine angenehme Aneinanderreihung leicht zu lösender Aufgaben. Alles dürfte, subjektiv gesehen, recht leicht fallen. Selbst wenn am Anfang etwas Gas gegeben werden muss.

Diese Autometapher kann hier noch fortgeführt werden. Wenn ein Auto eine Spitzengeschwindigkeit von 230 km/h erreicht und über 200 PS verfügt, was dürfte dann an Steigerung der Leistung erforderlich sein, damit das Auto 270 km/h schnell fährt? Dafür muss man kein Mathefreak sein. Ein Blick in die Datenlisten der Sportwagenhersteller reicht: Es ist keine lineare Steigerung der Leistung möglich. Die letzten zusätzlichen km/h erfordern erheblich mehr PS.

Pareto ist allgegenwärtig! An ihre Leistungsgrenzen stoßen viele Menschen niemals. Nun die Wahrheit:

Das Prädikatsexamen dürfte nach der Pareto-Vorstellung ein Minimum von 90% erfordern. Dies mag ein Schätzwert sein, aber als Arbeitshypothese soll es reichen. Es korrespondiert damit, dass etwa 10 bis 15% ein solches Examen schreiben. Bei linearer Fortrechnung müssten also weitere 40% an Ressourcen eingesetzt werden, um von 80% die 90% zu erreichen. Wenn die Steigerung aber nicht linear ist, sondern dynamisch, könnten es auch mehr als 40% sein. Anfangserfolge sind so gesehen eine Falle für Menschen, die in die Führungsgruppe vorstoßen wollen. Die meisten müssten erst richtig durchstarten, obwohl sie subjektiv glauben, bereits umfassend präpariert zu sein. 80% sieht aus, als sei man fast da.

Wenn Zeit, Ressourcen und Qualität ein gleichschenkliges, quasi „magisches" Dreieck bilden, sollte der Weg klar sein: Es muss viel effektiver und länger gelernt werden. Und es gibt keinen „Fahrstuhl" zum Prädikatsexamen, nur die steile und mühselige „Treppe" führt dorthin. In der Lernpsychologie wird das dafür nötige Durchhaltevermögen als Grit bezeichnet. Abkürzungen sind Illusionen. Wird die Perspektive gewechselt, erscheint das Pareto-Prinzip in einem anderen Licht. Es gilt sowohl bei dem Weg zum Bestehen juristischer Prüfungen (4 Punkte) oder zum Erreichen des Durchschnitts. Es darf aber nicht auf den zeitlichen Aufwand allein reduziert werden. Dafür ist das Anforderungsprofil in der juristischen Ausbildung viel zu komplex. Strukturelles, sprachliches und inhaltliches Wissen müssen jeweils spezifisch angegangen werden. In allen Bereichen steht der Einzelne an einer anderen Position. Vielleicht steht jemand sprachlich bereits bei 95%, strukturell aber erst bei 60%. Wer alle Vorlesungen gehört und alle Scheine geschrieben hat, dürfte beim Wissen oft nicht annähernd bei 80% sein. Im Leben mag das Paretoprinzip, das auch in der Variante des Mini-Max-Prinzips interpretiert werden kann, beruhigend sein. Mit minimalem Aufwand (20%) schafft man (relativ) maximale Ergebnisse (80%). Ein Beispiel soll das untermauern:

Ein Anwalt, der eine zivilrechtliche Klageschrift über 15 Seiten in 45 Minuten verfasst, wird häufig nur durchschnittlich arbeiten können. Immerhin muss er die Akte lesen, Details herauspräparieren und hat zusammen doch nur 2,5 Minuten pro Seite. Wenn das Gericht dann noch ein paar Hinweise gibt, wo der Vortrag vielleicht lückenhaft oder unsubstantiiert ist, investiert er noch weitere insgesamt 30 Minuten und „schustert" etwas zusammen. Wenn die so vorgetragenen Tatsachen sich unter eine Anspruchsgrundlage subsumieren lassen und bei streitigem Vortrag die Beweismittel belastbar sind, wird der Prozess gewonnen. Das Honorar ist meist streitwertabhängig. Der Anwalt hätte keinen Nachteil. In einem Examen dagegen würde ein solcher Schriftsatz mit einem qualitativ ähnlich verbesserungswürdigen Vermerk nur für eine durchschnittliche Leistung ausreichen. In der Praxis erscheint der Anwalt für seinen Mandanten als überdurchschnittlicher Jurist, weil er den Prozess gewonnen hat. Natürlich ist es möglich, dass ein Anwalt in einem Rechtsgebiet die Pareto-Grenze bereits überschritten und 100%, oder nach Jahren sogar mehr, investiert hat. Dann kann vielleicht auch in 45 Minuten am Diktiergerät oder dem PC ein Meisterwerk entstehen. Oft ist aber auch etwas anderes im Spiel: Leidenschaft, Perfektionismus und viel Motivation. Eines Meisterwerks bedarf es aber nur im Examen, in der Praxis wird bereits die goldene Mitte den Topjuristen ausmachen.

Am Anfang sollte nicht eine Analyse stehen, wie viel Zeit investiert, wie viele Bücher gelesen oder wie viele Übungsklausuren geschrieben wurden. Vielmehr geht es darum, zu sehen, wo der Einzelne auf der Prozentskala die Qualität betreffend steht. Dann kann individuell an den Seiten des magischen Dreiecks unter Berücksichtigung des Paretoprinzips gearbeitet werden. Mehr Zeit oder mehr Qualität beim Aufbau der Fähigkeiten. Schließlich natürlich auch die eigenen Ansprüche an die Note.

Aber Vorsicht: Das 80-20-Prinzip wird oft anders interpretiert. So wird abgeleitet, nur 20% des Stoffes sei prüfungsrelevant und nur dieser Stoff müsse als relevant erkannt und dann verinnerlicht werden. 80% hingegen könnten auch „stiefmütterlich" behandelt werden. Dies ist eine Art modifizierte Theorie des Mutes zur Lücke und dürfte nicht zielführend sein. Jedenfalls dann ist es keine hinreichende Interpretation, wenn überdurchschnittliche Leistungen angestrebt werden. Eine gewisse gerichtete Selektion des Examensstoffes wird so oder so vorgenommen. Was dann übrig bleibt, muss durchdrungen werden. Am besten zu nahezu 100%.

b) Dunning-Kruger-Effekt

Was kann der Grund dafür sein, dass viele Studierende und Referendare Schwächen in den Grundlagen haben und daher in der Durchschnittlichkeit verbleiben? Dies dürfte oft sogar der Fall sein, wenn sehr viel Aufwand betrieben wird bei der Examensvorbereitung. Eine Erklärung könnte der Dunning-Krüger-Effekt[10] liefern. Der Effekt wurde 1999 von David Dunning und Justin Kruger – Forscher an der Cornell Universität in den USA – in einem wissenschaftlichen Aufsatz beschrieben. Sehr vereinfacht kann der Effekt wie folgt beschrieben werden:

Beim Erlernen einer Fähigkeit steigt das Selbstvertrauen, das Neue zu beherrschen, schnell an, obwohl das tatsächliche Wissen oder die bereits erlernten Fähigkeiten weit hinter der vorgestellten Kompetenz zurückbleiben. Dilettanten glauben, bereits Könner zu sein und überschätzen sich oft sogar maßlos. Dies ist bei einer sehr komplexen Materie oder schwer auf Meisterlevel zu bringenden Fähigkeit fatal. Der Effekt mag die Motivation befördern, dürfte aber Illusionen Vorschub leisten. Illusionen sind aber nicht belastbar. Sie nützen in juristischen Staatsexamina wenig. Sicherlich gehört eine temporäre Selbstüberschätzung zu jedem Entwicklungsprozess dazu und wird oft mit dem Satz „fake it until you make it" umschrieben. Dunning und Kruger beschreiben, dass sich die Einschätzung der eigenen Fähigkeiten mit der Zeit auch an die tatsächlichen Fähigkeiten angleicht. Dies kann auch kippen, so dass sich der Experte als Hochstapler fühlt (sogenannter Impostor-Effekt) und die eigenen Fähigkeiten geringer einschätzt, als sie tatsächlich sind. Letzteres dürfte in der Regel ein Luxusproblem sein. Wo liegt nun die Gefahr für die angehenden Juristen?

Erstens:

Gerade zu Beginn der Beschäftigung mit einem neuen Gebiet, sei es vor dem ersten Examen oder im Referendariat, wird aufgrund der Selbstüberschätzung die Qualität des erworbenen Wissens und auch des Methodenwissens (also z.B. wie man eine Gutachtenklausur schreibt oder einen Schriftsatz oder ein Urteil ausfertigt) überschätzt. Eine vertiefende Beschäftigung oder eine Wiederholung unterbleibt. Es entstehen „unknown unknowns" und damit Bereiche, von deren Unkenntnis der Betroffene nicht einmal etwas weiß. Dies mag bei reinem Wissen

---

10 Justin Kruger, David Dunning: Unskilled and unaware of it. How difficulties in recognizing one's own incompetence lead to inflated self-assessments. In: Journal of Personality and Social Psychology. Band 77, Nr. 6, 1999, S. 1121–1134. Der Text ist als PDF auffindbar im Internet.

durch Repetitorien oder Eigenstudium noch kompensierbar sein. Bei methodischen oder sprachlichen Defiziten ist es nicht so einfach, im „laufenden Betrieb" die Defizite zu reduzieren und die Lücken zu schließen. Kaum ein Studierender bezweifelt seine Fähigkeit, den Gutachtenstil zu beherrschen, wenn alle Klausuren und Hausarbeiten bestanden sind. Der Dunning-Kruger-Effekt dürfte daher begünstigen, dass an essentiellen Baustellen im Rahmen der juristischen Ausbildung nicht mehr gearbeitet wird. Wer viele Klausuren, insbesondere auch von Referendaren korrigiert, wird die beschriebenen Defizite kennen. Es sollte also immer weiter an den Grundfertigkeiten gearbeitet werden. Es gibt nichts, was nicht optimierbar ist. Der Satz „Das kann ich perfekt" ist aus dem Wortgebrauch zu streichen. Erst wenn ein Bereich mehrfach bei höchsten Ansprüchen überdurchschnittlich behandelt wurde, darf eine Fähigkeit als etabliert gelten. Aber auch dann gilt: „If you don't use it, you loose it!"

Zweitens:

Der Dunning-Kruger-Effekt wirkt sich auch bei der Einschätzung der eigenen Fähigkeiten, zu improvisieren oder mit dem Kommentar noch irgendetwas Sinnvolles zusammenschreiben zu können, aus. Dasselbe gilt für Textverständnis oder die Auswertung eines Aktenauszuges. Die Gedächtnishaftung von gehörten oder gelesenen Inhalten wird auch noch von erfahrenen Juristen überschätzt. Es ist daher sehr wichtig, Wunsch und Wirklichkeit immer wieder abzugleichen. Habe ich einen groben Überblick über den Stoff oder kann ich ihn auch auf bisher unbekannte Konstellationen anwenden? Es ist keine Schande, wenn komplizierte juristische Wertungsmodelle wieder und wieder wiederholt und durchdacht werden müssen.

Drittens:

Den Effekt erkennen viele Studierende auch instinktiv oder sie bemerken dies schlicht anhand ihrer Leistung in Übungsklausuren: Häufig fallen in den Fortgeschrittenenübungen Zivilrechts- oder Strafrechtsklausuren mit einem Schwerpunkt im jeweiligen allgemeinen Teil schlechter aus. Gern wird das dann verdrängt, weil es zur Beschäftigung mit dem Anfängerstoff mahnen sollte. Das wiederum gefährdet das Selbstbild vom kompetenten Juristen, zu dem nicht passt, weniger zu wissen als der Studienplan bereits für das erste Semester vorsieht. Referendare äußern mitunter auf den Hinweis in der Anwaltsstation, sie wüssten nicht genug über den Anscheinsbeweis oder die Geltendmachung von vorgerichtlichen Anwaltskosten, sie hätten in der gerichtlichen Station doch zwei Urteile geschrieben und erinnerten sich nicht an diese Aspekte. Anscheinsbeweis und Verzugsschaden sind jedoch täglich Brot der Richterschaft und werden auch in den begleitenden Arbeitsgemeinschaften in der Ausbildungsliteratur thematisiert. Das tatsächliche Wissen ist entweder gar nicht vorhanden oder sehr rudimentär. Reduziert sich das Wissen zur Rechtsfigur des Anscheinsbeweises auf

den Merksatz: „Wenn es vorne knallt, gibt es hinten Geld", dürften 10 oder mehr Punkte für entsprechende Ausführungen nicht erreichbar sein.
Was kann geschehen, um nicht in diese Falle zu geraten?

Erstens:

Akzeptieren Sie, dass jeder Stoff komplex ist und stetige Beschäftigung erfordert. Lassen Sie Vorsicht walten, wenn etwas einfach erscheint. Dann kritischer werden. Hilfreich kann es sein, einmal statt mit einem Kurzkommentar, einem Kurzlehrbuch oder einem Skript mit einem der großen Kommentare oder einem der klassischen Lehrbücher zu arbeiten. Der Teufel steckt stets im Detail. Wer einen Aufsatz zum BGB AT zum Vertragsschluss liest, wird schnell seine Lücken erkennen.[11]

Zweitens:

Wer zu einem Aspekt wie „Erlaubnistatbestandsirrtum", „psychisch vermittelte Kausalität" oder „Anscheinsbeweis" aus dem Kopf versucht, eine anwendbare Prüfungsfolge mit den wesentlichen wertungsleitenden Aspekten niederzuschreiben, wird nach einem Abgleich mit einer Kommentierung kein Opfer des Dunning-Kruger-Effekts mehr sein. Dies gilt auch, wenn die exakten objektiven wie subjektiven Wertungen zur Abgrenzung des Eventualvorsatzes zur bewussten Fahrlässigkeit einem Kommilitonen gegenüber mündlich dargelegt werden müssen.

Drittens:

Eine stetige Arbeit am Methodenwissen und damit den Grundlagen juristischen Arbeitens sollte erfolgen. Es darf nicht zugelassen werden, dass sich bewusst oder unbewusst ein Schema X etabliert. Vorsicht ist geboten, wenn auswendig Gelerntes wieder und wieder unreflektiert wiedergegeben wird. Natürlich ist das Kennen der Definition „Wegnahme ist der Bruch fremden und die Begründung neuen nicht unbedingt eigenen Gewahrsams" nicht schädlich. Dies gilt auch für Merksätze wie „er weiß nicht, was er sagt" und „er will nicht, was er sagt" für die Irrtumsarten des § 119 Abs. 1 BGB. Die Frage ist aber, ob die dahinterstehenden Wertungen auch abstrakt mit eigenen Worten spontan formuliert werden können. Ein weiteres Beispiel ist diese Definition für die Übergabe in § 929 S. 1 BGB:

„*Übergabe ist anerkanntermaßen nicht wörtlich zu verstehen, sie setzt totalen Besitzverlust beim Veräußerer und irgendeinen Besitzerwerb beim Erwerber auf Veranlassung des Veräußerers voraus.*"

---

[11] z.B. Fritzsche JA 2006, 674 oder die Ausführungen von Prof. Dr. Karsten Schmidt in seinem Buch zum Handelsrecht zum Missbrauch der Vertretungsmacht.

Das ist eine von Repetitoren etablierte Definition. Sie ist jedoch nutzlos, wenn Tatsachen direkt subsumiert werden. Wer nicht weiß, dass sich hinter „irgendein Besitzerwerb auf Veranlassung des Veräußerers" sowohl der Erwerb mittelbaren Besitzes als auch den Erwerb mittels von Geheißpersonen (auf einer wie auch auf beiden Seiten) verbirgt, übersieht mit hoher Wahrscheinlichkeit Wesentliches. Daher sollte Gelerntes immer wieder einmal hinterfragt werden.

Wer hingegen trotz vieler Arbeit und guter bis sehr guter Ergebnisse stets meint, er habe doch nur Glück gehabt, könnte unter dem oben erwähnten Impostor-Syndrom leiden. Sich gegen dieses zu wappnen, ist sicher auch eine Herausforderung. Die Selbstüberschätzung ist wahrscheinlich verbreiteter als die Unterschätzung eigener Fähigkeiten. Der hier beschriebene Dunning-Kruger-Effekt muss nicht zwingend bei jedem wirken, er sollte jedoch als Mahnung verstanden werden.

Wie nutze ich diese Theorien und Prinzipien für mich?
- Akzeptieren Sie, dass der Weg zum Prädikatsexamen nach hinten heraus lang ist. Denken Sie nicht modular oder nach Semestern. Es gibt keine Abkürzungen. Alle Früchte hängen hoch. Kein Gebiet ist jemals abgeschlossen.
- Überschätzen Sie nicht Ihre Fähigkeiten. Selbst, wenn Sie Klausuren oder Hausarbeiten in Rechtsgebieten gut bestanden haben, bleiben Sie dran an dem Stoff. Was im dritten Semester für 12 Punkte reichte, kann im Examen nur noch gut genug für 6 Punkte sein.
- Planen Sie unbedingt Ihre Lernphasen so, dass diese lang genug sind. Berücksichtigen Sie auch, dass der Lernplan auszuhalten sein muss. Erholung und Abwechslung muss mit hinein. Dies gilt besonders für die Endphase. Nehmen Sie sich für unliebsamen Stoff mehr Zeit als für Ihre Lieblingsbereiche.

8. Der Blick des Prüfers und was man daraus lernen kann

Um das Anforderungsprofil von Klausuren in den juristischen Staatsexamina richtig zu verstehen, braucht es einen Blick auf die Kriterien, nach denen diese korrigiert werden. Die Zeiten, in denen von beiden Korrigierenden lediglich zwei, drei Zeilen unter die Arbeiten geschrieben wurden, sind schon lange vorbei. Die von den Verwaltungsgerichten sukzessive entwickelten Anforderungen an die Korrektur von Klausuren haben dazu geführt, dass umfangreichere Voten verfasst werden müssen. Die Prüfungsämter der Länder haben zudem viel unternommen, um die Qualität der Korrekturen auch im Hinblick auf Vergleichbarkeit zu fördern. Einen verbindlichen Standard, wie die Korrigierenden exakt vorzugehen haben, kann es im Hinblick auf den eröffneten Beurteilungsspielraum der Prüferinnen und Prüfer aber nicht geben. Es bleiben nämlich den Prüfenden als Jury nach der Rechtsprechung zum Beurteilungsspielraum Freiheitsgrade, die nicht durch Vorgaben relativiert werden können.

In einigen Bundesländern gab es jedoch für Prüfende Seminare zur Korrekturtechnik. Dabei wurden auch Originalklausuren durch ganze Gruppen von Prüfenden korrigiert und die Ergebnisse verglichen. Entscheidend dafür war jedoch, dass zunächst ein Erwartungshorizont für die konkrete Klausur und eine Vorgehensweise für die Bewertung erarbeitet wurden. Diese Vorgehensweise ist nicht verbindlich und damit kein Standard. Doch in aller Regel bemühen sich Korrigierende um eine ordentliche Korrektur und vergeben nicht leichtfertig schlechte, aber eben auch nicht überdurchschnittliche Noten.

Wie gehen Prüfende in der Regel vor?

Schritt 1:

Es wird ein Erwartungshorizont für die Klausur erarbeitet oder aus dem Lösungshinweis extrahiert. Dieser Erwartungshorizont enthält das, was behandelt werden soll. Meist lesen die Korrektoren noch zitierte Urteile und sichten die verwendeten Kommentare. Sollte es sich um bekannten Stoff handeln, kann die Lösung auch allein auf Basis des Lösungshinweises erfolgen. Ergeben sich Unklarheiten, weil der Lösungshinweis widersprüchlich erscheint oder Aspekte nicht auftauchen, sind Rückfragen bei den Prüfungsämtern möglich. Auch gibt es Koordinatoren, die als Ansprechpartner zur Verfügung stehen. Dort werden Hinweise dann meist an die Korrigierenden weitergegeben, falls es abweichende Einschätzungen gibt. Dies dürfte selten sein, da die Lösungshinweise oft auf gerichtlichen Entscheidungen beruhen und sich die Aufgabensteller viel Mühe damit geben. Schließlich wird der Erwartungshorizont ausformuliert, um die tatsächlichen Inhalte der Klausur später im Votum damit abzugleichen. Zwingend ist es aber nicht, einen umfangreichen Erwartungshorizont in das Votum aufzunehmen. Der Erwartungshorizont formuliert, was es zu erkennen galt, welche Rechtsfragen zu vertiefen waren und vielleicht auch schon in welcher Qualität etwas zu bearbeiten war.

Schritt 2

Es wird auf Basis des Erwartungshorizonts eine Art Matrix, ein Blasendiagramm (Mindmap) oder eine Liste von Aspekten erarbeitet, die maßgebend für die Benotung sein sollen. Für diese ausgewählten Aspekte wird eine jeweilige Wertigkeit, z.B. in Prozentangaben, bestimmt. Schwerpunkte erhalten vielleicht 20%, während Nebenaspekte nur 5% zugewiesen bekommen. Auch Aspekte wie der Aufbau können Prozentangaben zugewiesen bekommen. Der Prüfende ist darin völlig frei. Es kann auch sein, dass Teilaspekte keine eigene Zuweisung von Prozenten bekommen. Die wesentlichen Aspekte eines Falles werden aber berücksichtigt. Ist z.B. die Verhältnismäßigkeit eines Verwaltungsaktes als Schwerpunkt einer Arbeit zu prüfen, wird der Prüfende dem vielleicht 25% zuweisen. Ein anderer könnte der Bestimmung des Zieles der Maßnahme 5%, Geeignetheit und Erforderlichkeit je 5 % und der Mittel-Zweck-Relation 10% zuweisen. Vielleicht erscheint einem anderen die Verhältnismäßigkeit zusammen nur 15% wert.

Meist wird diese Gewichtung dann an einigen, vorab gelesenen Klausuren getestet. Je kleinteiliger das Raster wird, desto mehr Aufwand macht allerdings die Korrektur. Ganz häufig werden dann noch 10% – wie es ein Seminarleiter einmal nannte – als „Handsteuerung" vorgehalten, um Spielraum für individuelle Aspekte zu behalten. Bei der endgültigen Formulierung des Erwartungshorizontes können die Wertigkeiten sprachlich umschrieben werden. So könnte es heißen: „Der Aspekt ist von besonderer Bedeutung" oder „... stellte einen Schwerpunkt dar."

Schritt 3:

Beim Lesen der Klausur ist nun genau zu erfassen, was der Prüfling zu den Schwerpunkten liefert. Wer eine solche Korrektur „from the book", also unter Berücksichtigung der hier erläuterten Vorgaben, macht, müsste also exakt wiedergeben, was die Klausur zu dem jeweiligen Punkt enthält. Entsprechend ist der Aufwand größer, wenn die Prozentverteilung wie im Beispiel oben kleinteiliger ist. Wichtig ist, dass an dieser Stelle noch keine Bewertung des Aspektes stattfindet. Wie bei einem Urteil handelt es sich um einen unstreitigen Tatbestand. Eine Bewertung soll an dieser Stelle noch nicht erfolgen. Der Prüfer sollte sich dazu zwingen, dies zu beschreiben. Hier ein Beispiel bezogen auf die Verhältnismäßigkeit (s.o.):

Ziel der Maßnahme 5%:

> *Der Verf. stellt darauf ab, dass der Gesetzgeber in der Gesetzesgrundlage drei mit der Regelung verfolgte Ziele angibt. So soll der Schutz des Verbrauchers, des Marktes aber*

auch eine Entlastung der Justiz angestrebt sein. Er verweist auf die Gesetzesmaterialien S. 8 Mitte.

oder

Angabe nur eines Gesetzesziels ... Verbraucherschutz S. 8 Mitte.

Klar ist, dass wenn keine Ausführungen erfolgen, schlicht für diesen Punkt dort keine Erfassung erfolgt.

Würde ein Prüfling zunächst keine Ausführungen zum Gesetzesziel machen, dann aber z.B. bei der Geeignetheit darauf eingehen, könnte eine Eintragung wie folgt aussehen:

Isolierte Ausführungen fehlen. Im Rahmen der Geeignetheit klingt jedoch an, dass Verbraucherschutz gefördert werden soll. Dies erfolgt aber nur indirekt, wenn es heißt: Die Maßnahme klärt den Verbraucher auf, so dass er eine Risikoabwägung treffen kann. Der Verbraucherschutz wird daher gefördert.

Schritt 4:

Wenn die Aspekte jeweils wiedergegeben wurden, ist in einem weiteren Textfeld eine auf diesen Aspekt bezogene Bewertung durchzuführen. Dabei gilt es zu begründen, weshalb die Ausführungen unter die unbestimmten Rechtsbegriffe der Notenskala subsumiert werden.

Die Notenskala ist mit folgenden unbestimmten Rechtsbegriffen wie „über den durchschnittlichen Anforderungen" oder eben „erheblich über den durchschnittlichen Anforderungen" beschrieben.

Dies ist der gängige Maßstab:

Sehr gut ... eine besonders hervorragende Leistung, 16-18 Punkte
Gut ... eine erheblich über den durchschnittlichen Anforderungen liegende Leistung, 13-15 Punkte
Vollbefriedigend ... eine über den durchschnittlichen Anforderungen liegende Leistung, 10-12 Punkte
Befriedigend ... eine Leistung, die in jeder Hinsicht den durchschnittlichen Anforderungen entspricht, 7-9 Punkte
Ausreichend ... eine Leistung, die trotz ihrer Mängel durchschnittlichen Anforderungen noch entspricht, 4-6 Punkte
Mangelhaft ... eine an erheblichen Mängeln leidende, im ganzen nicht mehr brauchbare Leistung, 1-3 Punkte
Ungenügend ... eine völlig unbrauchbare Leistung, 0 Punkte

Wichtig ist nun, dass für den jeweils zu bewertenden Aspekt isoliert betrachtet eine Note zwischen 0 und 18 Punkten gegeben wird und zu begründen ist. Besonders wünschenswert ist dabei, auch zu einer darüber oder darunter liegenden Stufe eine Abgrenzung vorzunehmen.

Beispiel zu der oben genannten Thematik „gesetzgeberisches Ziel":

> *Die Ausführungen liegen erheblich über den durchschnittlichen Anforderungen, da der Prüfling drei gesetzgeberische Ziele benennt und dies aus den Gesetzesmaterialien ableitet. Überdurchschnittlich ist dies deshalb, weil zumeist auch in den Kommentierungen nur auf den Verbraucherschutz abgestellt wird. In der Literatur wird noch eine Anpassung an EuGH Rechtsprechung diskutiert. Da dieser Aspekt fehlt, ist die Leistung nicht auch besonders hervorragend. 13 Punkte."*

oder

> *Die Ausführungen entsprechen durchschnittlichen Anforderungen, da der genannte Verbraucherschutz primär als gesetzgeberisches Ziel genannt wird. Die Leistung weist jedoch Mängel auf, weil daneben auch in Rspr. und Literatur weitere Ziele diskutiert werden. 6 Punkte.*

Eine Bewertung, in dem Fall, dass isolierte Ausführungen fehlen, diese aber in der Geeignetheit erfolgen, könnte ein Prüfender wie folgt erfassen:

> *Auf das für die Bewertung der Verhältnismäßigkeit gesetzgeberische Ziel wird nicht isoliert eingegangen. Dennoch klingt der Verbraucherschutz bei der weiteren Prüfung – so in der Geeignetheit – an. Da allerdings noch drei weitere Ziele, zwei davon in der Gesetzesbegründung, diskutiert werden, liegt ein Mangel vor und der Aspekt ist nur mit knapp 4 Punkten zu bewerten."*

Das vom Prüfer zugrunde gelegte Raster ist entsprechend auf die ganze Arbeit anzuwenden. Darin sind auch abweichende Lösungswege und individuelle Faktoren („Handsteuerung") zu erfassen.

Schritt 5:

Die Punktzahlen für die jeweiligen Aspekte sind dann mit den Prozentangaben zu multiplizieren, dann alles zu addieren und am Ende ist das Additionsergebnis durch 100 zu teilen. Dies ergibt eine Gesamtnote. Diese Vorgehensweise macht deutlich, wie sehr es darauf ankommt, die Gewichtung der Aspekte in einer Klausur zu treffen. Eine ungünstige Schwerpunktsetzung oder aber auch Unvollständigkeit schwächt eine Leistung in erheblichem Maße.

Schritt 6:

Nach der hier dargestellten Vorgehensweise ist das Votum dreiteilig zu erstellen. Zunächst soll der oben schon erwähnte Erwartungshorizont stehen. Dabei soll die der Korrektur zugrunde gelegte Matrix und auch die Gewichtung wiedergegeben werden. Die Gewichtung muss dabei nicht unbedingt in Prozenten angegeben werden. Danach ist der Lösungsweg des Prüflings wiederzugeben. Es ist genau zu beschreiben, was in welcher Dichte zu den Aspekten an Ausführungen erfolgt ist. Entsprechend sind auch Auslassungen zu erfassen. In einem dritten Abschnitt sind die Bewertungen der Ausführungen zu den Aspekten aus dem Erwartungshorizont zu begründen. Auf dieser Basis ist die Gesamtnote zu bilden.

Praxisabgleich

Die hier beschriebene Vorgehensweise ist weder verbindlich noch kann sie erwartet werden. Erfahrene Korrektorinnen und Korrektoren werden sich vielleicht Notizen machen, ohne diese wie beschrieben zu strukturieren. Wahrscheinlich werden nur wenige Prozente bilden und eine so strukturierte Matrix nutzen. Der Aufwand dafür ist tatsächlich groß und könnte vielen Prüfenden als unverhältnismäßig erscheinen. Der Rechtsprechung ist zudem zu entnehmen, dass eine rein mathematische Auflösung durch Teilnoten nicht ausreichend sein dürfte. Vielmehr soll auch ein Element der Gesamtbewertung hineingenommen werden.[12] Dies ändert jedoch nichts daran, dass die Elemente, einen Erwartungshorizont zu bilden, eine Gewichtung der Schwerpunkte zu erarbeiten und beides auf die Ausführungen in den Arbeiten anzuwenden, dann doch Grundlage für die Voten wird. Die Voten selbst müssen ausführlicher sein als noch vor 15 bis 20 Jahren. Vieles von dem, was hier beschrieben worden ist, wird sich vielleicht nur im Kopf der Prüfenden abspielen. Die wenigsten Klausuren sind so komplex, dass dies nicht möglich wäre. Es dürfte auch nicht so sein, wie viele durchschnittliche und unterdurchschnittliche Absolventen mutmaßen, dass die „Goldnuggets" – also überdurchschnittliche Gedankenblitze – in ihren Klausuren von mediokren frustrierten Korrigierenden schlicht überlesen wurden. Das ist ein Vorurteil, das nicht haltbar ist. Niemand wird gezwungen, Examensklausuren zu korrigieren. Es gibt auch keine so üppige Aufwandsentschädigung, die allein eine freiwillige Teilnahme an Korrekturkampagnen rechtfertigen würde. Etwas anderes dürften viele Korrigierende aber gemeinsam haben: Freude an Jura, an der Abstraktion und einem strukturierten Arbeiten. Viele, die von einer eigenen guten Ausbildung in der Rechtswissenschaft profitiert haben, melden sich freiwillig. Richterinnen und Richter, die in ihrem Alltag auf effizientes Arbeiten angewiesen sind und selbst meist überdurchschnittliche Examina absolviert haben, korrigieren. Bei ihnen dürfte ein Ethos herrschen, der sich auf messbare Kriterien, strukturierte Wer-

---

12 vgl. Hein/Schröder NVwZ 2018, 302 (sehr lesenswert).

tungen und gerechtes Benoten gründet. Auch wird stets in mehreren Paaren korrigiert und Koordinatoren supervisionieren diese Paare, so dass Ausreißer sichtbar würden.

Was können nun Studierende daraus für sich ableiten?

Erstens:

Wenn strukturiertes Arbeiten zu überdurchschnittlichen Noten führt und überdurchschnittliche Absolventen als Prüfer Bewertungsmaßstäbe in strukturierter Form erarbeiten, um belastbare Voten schreiben zu können, ist strukturiertes Arbeiten unstrukturierten Ausführungen und angedeuteten Wertungen auf der Basis von Halbwissen vorzuziehen. Einfacher ausgedrückt bedeutet dies, dass auch richtige Wertungen ohne Wert sind, wenn sie nicht in die richtige Struktur eingebettet werden. Juristische Klausuren können daher nicht erfolgreich ins Blaue hinein geschrieben werden. Das vorhandene Wissen muss aufgearbeitet und in Form gebracht werden, um nicht in der Prüfung hinter den eigenen Möglichkeiten zurückzubleiben. Salopp ausgedrückt bedeutet dies, dass oft zu viele Punkte „liegengelassen" werden. Die investierte Energie ist groß, der Output aber oft unterdurchschnittlich.

Zweitens:

Um die oben beschriebene Erkenntnis erfahrbar zu machen, sollte sich jeder Examenskandidat einmal in die Rolle eines Prüfenden begeben. Dies kann durch tatsächliches Korrigieren im Rahmen einer Tätigkeit an einem Lehrstuhl als wissenschaftlicher Mitarbeiter erfolgen. Ebenso können eigene oder Klausuren von Kommilitonen auch nach einer erfolgten Bewertung nach Erarbeitung einer Lösungsmatrix bewertet werden. Das schärft den Blick. Bei einer Lerngruppe von nur vier Teilnehmern können bei drei Rechtsgebieten leicht zwölf Klausuren einer solchen Bewertung unterzogen werden. Das Lesen fremder Arbeiten führt häufig dazu, dass man Struktur und Stringenz von Ausführungen zu schätzen lernt. Oftmals erkennt man überdurchschnittliche Passagen sofort, lernt dadurch die eigenen Schwächen besser kennen und kann daraus lernen. Schließlich kann auch das Ausarbeiten einer Musterlösung einer Klausur, die man sogar bereits einmal selbst geschrieben und deren Besprechung man beigewohnt oder deren Lösungshinweis man vorliegen hat, das Gespür für den Prüferblick schärfen. Auch Übungsklausuren aus der Ausbildungsliteratur können so bearbeitet werden, dass die Schwerpunkte lokalisiert und Prozente zugewiesen werden. Ein Abgleich mit der Musterlösung macht schnell transparent, ob die richtigen Schwerpunkte und deren Wertigkeit erkannt wurden. Je nachdem, ob mehr oder weniger Ausführungen einer Musterlösung auftauchen, lässt Rückschlüsse auf mögliche prozentuale Wertigkeiten zu.

Drittens:

Die Akzentuierung der gefundenen Wertungen, die Schwerpunktbildung muss bewusster erfolgen, um die von den Prüfern angelegten Kriterien zu treffen. Dazu muss sich niemand verbiegen. Häufig werden durchaus die richtigen Aspekte bearbeitet, aber eben nicht mit der hinreichenden Begründungstiefe. Die Ausführungen sind oft lieblos, wenig durchdacht oder schlicht zu oberflächlich. Die Vermutung liegt nahe, dass schlicht das Anforderungsprofil nicht erkannt wird. Dafür ist der Perspektivwechsel auf den Prüfer als Leser der eigenen Arbeit essentiell.

Wie nutzen Sie das Wissen über Form und Struktur der Korrektur?
– Üben Sie den Blick des Prüfers bzw. der Prüferin. Strukturieren Sie Ihre Arbeiten auf die Korrektur hin, indem Sie den Schwerpunkten und auch Aspekten wie dem Aufbau und der eigenen Begründungstiefe schon in der Lösungsskizze Wertigkeiten zuweisen.
– Vergessen Sie nie, dass die Fälle konstruiert worden sind und daher nicht nur eine irgendwie taugliche Lösung wie in der Praxis erwartet wird. Details sind im Zweifel kein Kolorit, sondern der Anlass für Differenzierung.
– Verabschieden Sie sich vom „Stichwortdropping", denn die Korrigierenden müssen hinter die Fassade schauen, um belastbare Voten schreiben zu können. Rekurrieren Sie nicht auf das Wissen der Prüfenden. Machen Sie stattdessen Ihre Wertungsmuster transparent, erhöhen Sie Ihre Begründungstiefe und nutzen Sie eine klare Sprache.
– Korrigieren Sie selbst Klausuren, wenn Sie die Gelegenheit dazu haben. Bewerben Sie sich als Assistentin oder Assistent bei der Jurafakultät. Oder tauschen Sie in der Lerngruppe Klausuren und korrigieren diese selbst.

9. Notorische Misserfolgsmeider und die rote Pille

Die Bezeichnung „notorischer Misserfolgsmeider" stammt vom Repetitor H.F.C. Thomas, der für seinen Humor, aber auch seine Kompetenz geschätzt wird. Er verwendete bereits in den 90er Jahren diesen Begriff im Zusammenhang mit Studierenden, die seiner Auffassung nach einen großen Bogen um Leistungskontrollen machten. Solche, die keine Übungsklausuren schrieben, sich nicht den Fragen von Kommilitonen stellten und sich in seinen Kursen stets ganz hinten hinsetzten, um nicht gefragt zu werden. Es gab schon damals in den 90er Jahren und gibt auch heute noch tatsächlich Studierende, die durch das Ausschlussprinzip und Ansagen der Lehrenden in den Vorlesungen nur solche Klausuren für die Scheine mitschreiben, deren Inhalt sie sich irgendwie erschließen können. Beliebt ist auch das Abbrechen von Übungsklausuren oder das Besprechen mit anderen, um nicht zu scheitern. Dieses Vorgehen steht in einem krassen Missverhältnis zum für überdurchschnittliche Leistungen nötigen Realitätssinn. Das geschönte Selbstbild muss für notorische Misserfolgsmeider um jeden Preis erhalten bleiben. Fast jeder war schon einmal ein Misserfolgsmeider. Manche sprechen von Strategie, wenn sie Rahmenbedingungen für sich nutzen. Bis zu einem gewissen Grad ist das auch in Ordnung. Es sollte nur eben nicht notorisch werden. Wer stets in einem Bereich mit hohen Anforderungen eine vermeintliche Abkürzung wählt und sich nicht den Anforderungen stellt, wird irgendwann scheitern. Wenn sich Selbstbild und Realität auch durch Selbstbetrug und dadurch, die Schuld bei anderen zu suchen, nicht mehr abgleichen lässt, ist es zum Handeln leider oft zu spät. Die Abbrecher- und Durchfallquote bestätigt dies.

Es gilt, was der Charakter Morpheus in dem Film „The Matrix" zu Neo sagt:

> *„This is your last chance. After this, there is no turning back. You take the blue pill – the story ends, you wake up in your bed and believe whatever you want to believe. You take the red pill – you stay in Wonderland and I show you how deep the rabbit-hole goes."*

Die rote Pille mag für den Zuschauer Abenteuer und Action verheißen, so dass sie fast alternativlos erscheint. Doch Vorsicht: Auch im wirklichen Leben ist die Verlockung groß, sich mittels der blauen Pille der Realität zu verschließen. Das heißt, dass viele sich der harten Realität nicht stellen. Man ruht sich darauf aus, dass es schon klappen wird und Generationen von Juristinnen und Juristen es schon geschafft haben. Um die Komfortzone nicht verlassen zu müssen, gibt es viele Verlockungen. Der juristische Stoff ist komplex und sehr abstrakt. Der Studiengang heißt auch nicht „Lehre von der Rechtsanwendung" oder schlicht „Jura", sondern „Rechtswissenschaft". Daher ist es normal, wenn es dauert und Schwierigkeiten macht, den Stoff so zu verinnerlichen, dass es für die obersten 20% oder nur 10% reicht. Die Lehrenden vermitteln ihnen selbst über die Jahre sehr vertraute Inhalte, die ihnen irgendwann mitunter fast trivial erscheinen. Tatsächlich ist allein die Informationsmenge enorm und hinzu tritt das nötige Methodenwissen, welches nicht unmittelbarer Inhalt der Vorlesungen ist. Logisches Denken und der souveräne Umgang mit der eigenen Muttersprache kommen hinzu. Dabei geht es nicht allein um das viel kritisierte Juristendeutsch, sondern auch um sprachliche Struktur. Auf dem Weg zur Meisterschaft in einem solchen Bereich gehören Fehler dazu. Wer dies ausblendet, schadet sich letztlich selbst. Aus Fehlern gilt es zu lernen, wie das Sprichwort schon sagt. Daher sollte sich jeder den Anforderungen aussetzen, um daran wachsen zu können. Wer den Meisterlevel anstrebt, muss sich dem sogar aussetzen, um über sich selbst hinauswachsen zu können.

Es gibt noch weitere Ausprägungen des Vermeidens von Misserfolgen. Eine Form der Realitätsverweigerung ist das Verlagern der Verantwortung auf die Lehrenden oder gar das Ausbildungssystem selbst: „Wenn ich nicht gut genug bin, dann wird es mir nicht gut genug beigebracht".

Kritik an der juristischen Ausbildung ist richtig und wahrscheinlich so alt wie die Ausbildung selbst. Wer jedoch darin eine Entschuldigung sucht, wird enttäuscht werden. Es sind letztlich nicht ungerechte Prüfungen, zu harte Klausuren oder gar zu viel Stoff, die ein Problem wären. All das sind Komplikationen, die sich managen lassen. All das gibt es. Aber die Notenverteilung ist stabil geblieben. Staatsnoten sind so verteilt wie eh und je. Es muss jedem klar sein, dass es einer großen Investition an Zeit und Leidenschaft bedarf, um wirklich gut zu werden. Wer in der juristischen Ausbildung meint mit so etwas wie „tl;dr" („too long didn't read") durchzukommen und das Lesen von Urteilen, Aufsätzen und Kommentierungen über viele Seiten für eine Zumutung hält, ist gut beraten, alle vermeintlichen Erkenntnisse zu hinterfragen. Wer zu oft das Gefühl hat, man überfordere ihn mit Details, die man nicht braucht oder fordere generell zu viel, wird frustriert sein, besonders wenn er sich an der Gerechtigkeitsfrage abarbeitet. Lehrenden begegnet diese Einstellung im Alltag. Gut verdaubare Häppchen werden gefordert, eine handhabbare Vereinfachung oder schlicht Praxistauglichkeit. Wer von Studierenden Struktur, Stringenz und Komplexität einfordert, blickt oft in genervte Gesichter. Dabei zeigt genau das den Weg zur Exzellenz, die tatsächlich für fast jeden, der sich den Herausforderungen stellt, machbar ist.

Wer als Studierender oder im Referendariat merkt, dass Klausuren nicht so laufen, wie es sein sollte, sollte sofort gegensteuern und nicht den Prüfungsinhalt kritisieren, sondern die Ursachen für den Misserfolg herausfinden. Wer die Augen aufmacht und erkennt, woran es hapert, wird das Ruder rumreißen und die Lücken schließen können. Wer aber ein notorischer Misserfolgsmeider bleibt, wird irgendwann scheitern oder vielleicht erst zu spät erkennen, welches Potential nicht ausgeschöpft wurde.

9. Notorische Misserfolgsmeider

Wie vermeiden Sie, ein notorischer Misserfolgsmeider zu sein?
- Seien Sie immer ehrlich mit sich selbst. Akzeptieren Sie eigene Schwächen. Sehen Sie alles als einen Prozess.
- Überprüfen Sie immer wieder, wo Sie stehen. Grämen Sie sich nicht, wenn Sie hinter ihren Erwartungen zurückgeblieben sind. Geben Sie nicht Prüfern und dem Ausbildungssystem die Schuld an nicht ausreichenden eigenen Leistungen.
- Limitieren Sie sich nicht selbst. Nichts fällt vom Himmel. Niemand schafft Exzellenz ohne Investition. Belastbares Wissen muss über Jahre wachsen.

10. Der Aufbau von Wissensinseln

Der juristische Stoff, der für die Examina beherrscht werden muss, ist sehr umfangreich. Verdeutlicht werden kann das Aufnehmen des Stoffes am Bild der Wissensinseln, die langsam wachsen und zu Kontinenten werden. Stellt man sich den Examensstoff als eine Wasserfläche, z.B. einen See oder das Meer vor, dann ist es erforderlich zum Bestehen des Examens, trockenen Fußes von einem Ufer zum anderen zu gelangen. Je größer die noch nicht trockenen oder noch sumpfigen Bereiche sind, desto schlechter wird das Ergebnis sein. Betrifft der abgeprüfte Stoff Bereiche, wo es an Landmasse fehlt, kann die einzelne Klausur oder das ganze Examen zur Katastrophe werden. Das Bild von den Inseln soll aber auch zeigen, dass der Aufbau von Wissen nicht linear, nur stetig und nicht nur in eine Richtung erfolgen kann.

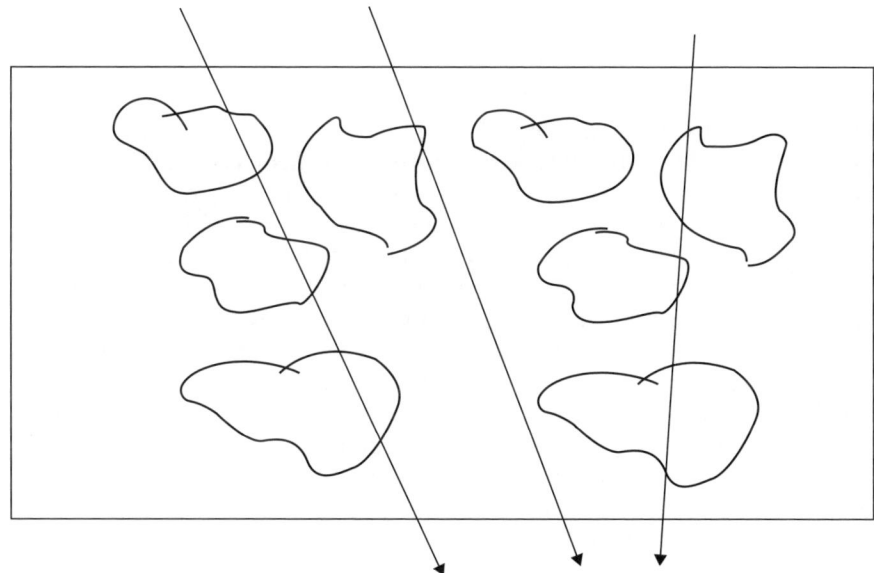

Mentale Erosion ist ein wichtiger Faktor und kann eine große Gefahr darstellen. Als „Entropie" bezeichnet die Physik den Drang der Natur, aufgebaute Strukturen wieder zerfallen zu lassen. Mit dem Satz „If you don't use it, you loose it" wird daher auch gemahnt, seine Fähigkeiten stetig zu gebrauchen und Wissen anzuwenden, zu pflegen und zu vergrößern.

Was sollte geschehen, um so mit dem Stoff umzugehen, dass bestehende Inseln nicht nur gleich groß bleiben, sondern auch stabiler und resistenter gegen Erosion werden?

Erstens:

Es sollte nicht immer wieder mit dem gleichen Lernmaterial gearbeitet werden. Als Einstieg mag die bisher genutzte Literatur gut sein, aber es sollten auch andere Quellen herangezogen werden. Die Online-Datenbanken geben Quellen an, die auf Urteile aber auch gängige Kommentarstellen verweisen. Das erneute oder erstmalige Lesen von wesentlichen Urteilen und von Besprechungen derselben in Fachzeitschriften schärft das eigene Profil. Häufig stehen Urteile in einer Beziehung zueinander. So ist das Volkszählungsurteil des BVerfG aus dem Jahre 1983[13] auch Grundlage für die Entscheidung des BVerfG zum Grundrecht der Vertraulichkeit und Integrität informationstechnischer Systeme.[14] Andere und neue Quellen heranzuziehen und mit bestehenden zu vergleichen hilft. Oft werden dabei bessere und belastbarere Quellen entdeckt, die die Auseinandersetzung verbessern.

Zweitens:

Es sollte also stets auch etwas Neues erarbeitet werden, wenn bekannter Stoff wiederholt wird. Gibt es ein neues Urteil, bei dem Gerichte mit dem Thema umgehen? Wird ein Rechtsinstitut in einem anderen Themenfeld behandelt? Bekannt ist der Anscheinsbeweis im Bereich des Verkehrsunfallrechts. Aber auch im Zusammenhang mit dem Einsatz gestohlener oder abhandengekommener EC-Karten greift die Rechtsprechung darauf zurück.[15] Schließlich taucht die für Referendare essentielle Problematik auch bei der Haftung von Steuerberatern und Anwälten in Zusammenhang mit der Vermutung beratungsgerechten Verhaltens auf.[16] Häufig wird, wer darauf achtet, in den großen Kommentaren auf neue Anwendungsbereiche aufmerksam. Oft wird bei der Beschäftigung mit neuen Anwendungsbereichen vieles klarer und besser verstanden. Im Rahmen der „Raserentscheidungen" kam es zu einer Art Renaissance des dolus eventualis im Strafrecht. Der BGH beschäftigte sich deutlicher mit dem entscheidenden Zeitpunkt bei der Betrachtung der inneren Tatseite.[17] Dies wäre ein Anlass, sich erneut mit dem Themenfeld zu befassen.

---

13 vgl. BVerfG, Urteil v. 15. Dezember 1983 – 1 BvR 209, 269, 362, 420, 440, 484/83 = BVerfGE 65,1.
14 vgl. BVerfG, Urteil v. 27. Februar 2008 – 1 BvR 370/07, 1 BvR 595/07 = BVerfGE 120, 274.
15 vgl. BGH, Urteil vom 5. 10. 2004 – XI ZR 210/03 = lexetius.com/2008, 2536.
16 vgl. BGH NJW 2008, 2647 = lexetius.com/2008, 821; BGH NJW 2009, 1591 = lexetius.com/2009, 429; noch einmal bestätigend BGH NJW 2015, 3447 = lexetius.com/2015, 2117.
17 vgl. BGH, Urteil vom 1. 3. 2018 – 4 StR 399/17

Drittens:

Es gilt zu erkennen, welche Bereiche stiefmütterlich behandelt worden sind. Sei es, weil keine Zeit dafür war, der Lehrende in der Vorlesung das Interesse nicht hinreichend wecken konnte oder man den Stoff schlicht langweilig findet. Mittels einer Liste der „fiesen Sieben" oder wie immer man das benennen möchte, lässt sich schnell der Stoff bestimmen, der einer Erarbeitung, Auffrischung oder Vertiefung bedarf. Sollte die Liste je Rechtsgebiet mehr als 15 Elemente haben, sagt das etwas aus. Sind es weniger als drei je Gebiet, muss dies kein gutes Zeichen sein. Jeder hat zu jedem Zeitpunkt Bereiche, die präsenter und verdichteter sind als andere. Das ist ganz menschlich und betrifft auch Volljuristen mit einem „Doppel-sehr-gut". Illusionen und Verdrängung sind der Feind der Verbesserung, aber auch der Überdurchschnittlichkeit in Prüfungen.

> **Wie erhalte und erweitere ich mein Wissen?**
> – Akzeptieren Sie, dass stets in Ihr Wissen investiert werden muss. Man ist niemals fertig.
> – Gehen Sie immer offen an die Dinge heran. Seien Sie nie länger frustriert, wenn Sie sich zunächst überfordert fühlen.
> – Schreiben Sie sich Wiederholungstermine für das Bearbeiten des Stoffes in den Kalender. Reservieren Sie sich feste Zeiten für die Wiederholung. Erweitern und aktualisieren Sie bei jeder Wiederholung auch Ihr Wissen.
> – Fangen Sie unbedingt frühzeitig an. Mehrere zeitlich gestreckte Wiederholungen und Vertiefungen sind effektiver als auf den letzten Drücker viel Stoff zu bearbeiten.

11. Juristisches Arbeiten als Kunstform – „see it as an art"

Was eine gute Juristin oder einen guten Juristen ausmacht, ist nicht unbedingt dasselbe, was wirtschaftlich erfolgreiche Juristinnen oder Juristen an Eigenschaften aufweisen. Es soll hier klar differenziert werden. Im eigentlichen Sinne „gutes" juristisches Arbeiten muss nicht mit wirtschaftlich definiertem „Erfolg" einhergehen. Dies kann so sein, wird aber nicht in jedem Fall so sein. Wirtschaftlicher Erfolg von Juristen – sei es im Bereich der Selbständigkeit oder im Bereich definierter Systeme wie der Richterschaft oder der Arbeitnehmerschaft – basiert eben auch auf handwerklichem Können im juristischen Sinne, der Fähigkeit, gut zu kommunizieren und strategisch die richtigen Entscheidungen zu treffen. Alle drei Aspekte bedingen jedoch nicht in gleichem Maße die Qualität juristischer Leistungen, z.B. in Staatsexamen, rechtswissenschaftlicher Literatur, spezialisierten Gutachten oder auch Doktorarbeiten. Handwerkliches Können in diesem Zusammenhang meint beispielsweise, gängige Gerichtsentscheidungen zu kennen, Schriftsätze ordentlich zu strukturieren oder taugliche Prüfungsfolgen zu beherrschen. Was aber könnte nun ein „Mehr" dazu sein, das den Unterschied zur angestrebten Überdurchschnittlichkeit bildet? Eine Grenze wird sicherlich dann überschritten, wenn der Umgang mit juristischen Inhalten nicht mehr rein als reproduktiver und affirmativer Umgang mit Inhalten, sondern quasi als Kunst verstanden wird. Unter einem reproduktiven und affirmativen Umgang wird hier die reine Anwendung gelernter Inhalte auf bekannte Fallkonstellationen verstanden. Das Begehen ausgetrampelter Pfade könnte dafür auch eine passende Metapher sein. Ein reproduktiver und affirmativer Umgang steht jedoch am Anfang und wird immer der Ausgangspunkt für eine raffiniertere und kreativere Betrachtung von juristischen Fragestellungen sein. Es gilt also für den ambitionierten Juristen den Reiz fundierter, also vertiefter, Betrachtung zu entdecken. Dazu gehört es z.B. auch, etablierte Argumentationsmuster immer wieder zu hinterfragen. Wer juristisches Arbeiten für sich nicht als schlichte Tätigkeit, sondern als Kunstform ansieht, wird seine Ansprüche und seinen Umgang mit dem Recht verändern. Es gilt einen entsprechenden Blick auf Wertungen und Streitstände zu entwickeln.

Wie schafft man nun den Übergang vom „juristischen Sachbearbeiter" oder „reinen Handwerker" zum „Law-Artist"?

Erstens:

Entspannen hilft! Es geht nicht darum, in der Juristerei immer Recht zu haben. Die Rechtswissenschaft ist eine Wertungswissenschaft! Das heißt, es gibt kein „richtig" oder „falsch". Vielmehr wird der Prozess der Bewertung von Sachverhalten oder der Umgang mit Normen als solcher bewertet. Wie gelange ich zu einer

Wertung? Wie ist meine Begründungstiefe? Wie ausgewogen gehe ich mit den vorgebrachten Argumenten um?

Oftmals ist es so, dass sogenannte Mindermeinungen, Literaturmeinungen oder auch Minderheitsvoten in Urteilen als irrelevant abgetan werden. Das ist jedoch jedes Mal eine vergebende Chance, zu lernen. Solche Mindermeinungen enthalten oft interessante Argumente, deren strukturelles Verständnis den Blick weitet. Dies eröffnet die Möglichkeit, auch bei ganz neuen Fragestellungen auf neue Argumente zu stoßen.

Als Beispiel für eine interessante Mindermeinung kann hier Medicus genannt werden.[18] Es gibt einen alten Streit zu der Frage, ob bei dem Anspruch des § 816 Abs. 1 S. 1 BGB der als Nichtberechtigter wirksam Verfügende nur den objektiven Wert der betroffenen Sache zu ersetzen hat oder auch den möglicherweise von ihm durch die Veräußerung erzielten Gewinn. Der BGH wertet zugunsten des Eigentümers und schließt den Gewinn in die herauszugebende Bereicherung mit ein. Es wird sogar eine Aufteilung auf den Eigentümer und den Verfügenden vertreten. Interessant sind die vorgebrachten Argumente. Die h.M. knüpft an den Verlust des Eigentums an und sieht in § 816 Abs. 1 S. 1 BGB einen Rechtsfortwirkungsanspruch. Gewinnerzielung soll demnach allein dem Eigentümer zugewiesen sein. Die Gegenauffassung stellt auf den Wortlaut von § 816 Abs. 1 S. 1 BGB („Herausgabe des durch die Verfügung Erlangten") ab und sieht folglich die Befreiung von der mit der Verfügung bezweckten Erfüllung einer Verbindlichkeit als Bereicherungsgegenstand an. Es wird übereignet und dadurch „erlangt" man den gemäß § 362 BGB eintretenden Untergang der Forderung als nicht greifbare, quasi virtuelle Vermögensposition. Dieser kann als solches nicht herausgegeben werden, so dass nur der objektive Wert nach § 818 Abs. 2 BGB zu ersetzen ist.

Als weiterer Aspekt ist zu beachten, dass es für § 816 Abs. 1 S. 1 BGB nicht auf die Kenntnis vom fehlenden Eigentum in der Person des Verfügenden ankommt. Für die Fälle, dass der nichtberechtigt Verfügende bösgläubig hinsichtlich des ihm fehlenden Eigentums ist, greift parallel zu § 816 Abs. 1 S. 1 BGB auch §§ 687 Abs. 2, 681 S. 2, 667 BGB. Danach ist der Geschäftsführer verpflichtet, alles und damit auch einen eventuellen Gewinn herauszugeben. Gegen den bösgläubig Verfügenden ist der Eigentümer also nicht auf § 816 Abs. 1 BGB angewiesen, um auch den Gewinn zu erhalten. Andererseits trägt der Eigentümer mehr Beibringungslast, wenn er auch einen eventuell entstandenen Gewinn abschöpfen will. Diese Fälle können auch auf Verfügungsketten bezogen werden, die wegen § 935 BGB nicht zu einem wirksamen Eigentumsübergang geführt haben, bei denen der Eigentümer aber eine der Verfügungen genehmigen kann, um den Gewinn abzuschöpfen.

Verschiedene Konstellationen zu durchdenken, Argumente einmal nach ihrer „Schönheit" zu bewerten (hier die Frage: Was erlangt der Verfügende denn eigent-

---

18 Details dazu in Medicus „Bürgerliches Recht" oder auch den großen Kommentierungen zu § 816 BGB.

lich?) oder aktiv nach Wertungen zu suchen, die gegen eine herrschende Meinung sprechen, führt zu einem verspielteren Umgang. Dies gilt auch dafür, wie sich Aspekte im prozessualen Umfeld auswirken. Welche Hindernisse entstehen im Praktischen? All dies könnte man als kunstvollen Umgang beschreiben – zumindest metaphorisch.

Zweitens:

Ein Erforschen der Hintergründe unterschiedlicher Auslegungen von Normen oder des Schaffens von Rechtsinstituten bringt ebenfalls Einsichten, die einen „kunstvolleren" Umgang mit dem Recht begünstigen. Dabei geht es oft um scheinbar überflüssiges Wissen.

Jeder Studierende kennt § 831 Abs. 1 BGB, der die Haftung des Geschäftsherrn für unerlaubte Handlungen seines Verrichtungsgehilfen regelt. Die Vorschrift regelt in Abs. 1 S. 2 BGB zudem die Vermutung eines Auswahl- und Überwachungsverschuldens des Geschäftsherrn. Im prozessualen Bereich bedarf es für die Exkulpation des Geschäftsherrn des Vortrags und meist auch des Beweises entsprechender Tatsachen. Auf den ersten Blick handelt es sich um eine den Geschäftsherrn durchaus belastende Vorschrift. Gesetzlich nicht geregelt, aber von der Rechtsprechung entwickelt, ist die Lehre vom Organisationsverschulden. Diese wird jedoch im Rahmen des § 823 Abs. 1 BGB relevant. Oftmals findet eine Vermengung der Voraussetzungen oder der Begrifflichkeiten statt. Wer jedoch weiß, dass die Rechtsprechung das Organisationsverschulden entwickelt hat, um die Exkulpationsmöglichkeit des § 831 Abs. 1 S. 2 BGB zu umgehen und so Defizite im Haftungssystem zu kompensieren, bekommt einen anderen Blick. Es geht quasi um ein strukturelles Versagen der Verantwortlichen in Form eines Unterlassens. Dies wird dann als Organisationsverschulden umschrieben, obwohl es nicht in erster Linie ein Verschulden ist. Es handelt sich auch nicht um ein Entweder-Oder. Vielmehr ist es interessant, sich zu fragen, in welchen Konstellationen nur § 831 Abs. 1 BGB greifen kann und in welchen vielleicht sogar beide Normen, wobei bei § 831 Abs. 1 BGB sogar eine Exkulpation gelingen könnte.

Ein Beispiel, das ein Durchspielen der Möglichkeiten eröffnet, kann dieses sein: Eine Spedition schickt Fahrzeuge los. Die Fahrer werden sorgfältig ausgewählt und durch regelmäßiges Mitfahren überwacht und zusätzlich geschult. Ein Fahrer schläft ein, kommt von der Straße ab und fährt in eine Scheune. Es stellt sich die Frage, ob die Ruhephasen bei der Planung der Routen durch die Geschäftsführung berücksichtigt wurden. Weiter kann man sich fragen, ob das Fehlen eines Überwachungssystems sowohl die Exkulpation nach § 831 Abs. 1 S. 2 BGB vereiteln und parallel ein Organisationsverschulden begründen kann. Die Frage ist berechtigt, denn sicherlich stellt nicht jedes Auswahl- und Überwachungsdefizit gleich ein Organisationsverschulden dar. Die nächste Frage könnte sein, ob bei einem strukturellen Überwachungsverschulden die Vermutung nach § 831 Abs. 1 BGB auch für die einem Organisationsverschulden zugrunde liegenden Tatsachen gilt.

Es zeigt sich, dass ein Durchspielen verschiedener Aspekte eines an sich bekannten Problems zu einem facettenreicheren Umgang führt. Das zeigt, dass klassisches Lehrbuch- oder Repetitorenwissen stets nur die Grundlage einer weitergehenden Auseinandersetzung sein sollte.

Ein weiteres Beispiel ist das Referendarinnen und Referendaren bekannte Institut des Anscheinsbeweises. Sicherlich lässt sich so einiges dazu auf einer DIN-A4-Karteikarte unterbringen. In Skripten zur Examensvorbereitung können es auch einmal drei DIN-A4-Seiten sein. Eine Betrachtung der Entwicklung der Rechtsprechung dazu über die Jahrzehnte weitet allerdings den Blick und dürfte ein besseres Verständnis geben.

Der Anscheinsbeweis ist von der Rechtsprechung entwickelt worden, um letztlich einer beweisbelasteten Partei aus der Beweisnot zu helfen, ohne aber den Gegner gänzlich zu benachteiligen oder mit einer Beweislastumkehr zu belasten. Häufig geht es dabei um ein nicht sichtbares Element, z.B. einen Kausalitätszusammenhang. Aber auch andere Tatsachen können so konstruiert und bewiesen werden: Bei den EC-Kartenfällen ist es das Notieren des PINs auf der Karte oder auf einem Zettel, der zusammen mit der Karte verwahrt wird,[19] beim Verkehrsunfall das Nicht-Einhalten des nötigen Sicherheitsabstandes. Dreh- und Angelpunkt ist die Typizität des zu konstruierenden Kausalverlaufs oder des fehlenden Merkmals wie das Notieren des PINs. Auch hier können Fragen gestellt werden: Wo liegt die Abgrenzung zum Indizienbeweis? Welche Fälle sind Grenzfälle? Was ist mit inneren Tatsachen wie der Entscheidung eines Menschen im Zusammenhang mit dem Kauf einer Immobilie oder der Verwendung eines Vertrages?

Wer nicht selbst auf weitere oder von der Rechtsprechung neu hinzugenommene Anwendungsbereiche kommt, sollte in Kommentierungen schauen. So bietet die Rechtsprechung zur Vermutung beratungsgerechten Verhaltens bei der Steuerberater- und Anwaltshaftung Stoff zur Durchdringung und zum Hinterfragen. Anders als bei Anlageberatern wendet der BGH bei Steuerberatern und Anwälten den Anscheinsbeweis an, bei Anlageberatern etikettiert das Label „beratungsgerechtes Verhalten" hingegen eine Beweislastumkehr.[20] Dass eine Mehrfachverwendungsabsicht bei einem Vertragstext vorliegt und damit eine Anwendung der §305ff BGB, wird im Zusammenhang mit dem Anscheinsbeweis von der Rechtsprechung angenommen.[21] Auch hier können Fragen gestellt werden: Warum soll das nur bei diesen Berufsgruppen so ein? Was hat die Rechtsprechung erreichen wollen? Was macht eine Typizität menschlicher Entscheidungen aus? Definiert der BGH das tatsächlich ausreichend? Wenn nicht, wie könnte man das in Worte fassen? Einem anderen schlüssig und stringent erläutern? Oder man

---

19 vgl. oben bereits BGH, Urteil vom 5. 10. 2004 – XI ZR 210/03 = lexetius.com/2008, 2536.
20 vgl. BGH NJW 2009, 1591 (zum Steuerberater) und BGH NJW 2012, 2427 (zum Finanzberater).
21 vgl. BGHZ 157, 102 = NJW 2004, 502.

geht einen Schritt weiter und entwirft eine Norm für die ZPO, die das Institut des Anscheinsbeweises abstrakt fasst. Wem das nicht reicht, kann sich gleich noch mit dem Institut der „sekundären Darlegungslast" beschäftigen, das durch die zahlreichen Entscheidungen zu Urheberrechtsverletzungen in den Tauschbörsenfällen von der Rechtsprechung noch einmal weiterentwickelt wurde.[22]

Drittens:

Oftmals entsteht eine Neigung, nur die h.M. oder die Rechtsprechung des BGH, EuGH oder des BVerfG als letztendliche Wahrheit anzuerkennen. Das ist sicherlich in der Rechtspraxis ein taugliches Mittel, um die Informationsmenge geringer zu halten. Doch das Recht ist letztlich dynamisch und es stellen sich Fragen oft erneut oder ganz neue Fragen tauchen auf. In den USA gibt es an den Hochschulen eine Tradition der Debattierwettbewerbe. Man kann einen solchen Pro-und-Kontra-Wettstreit auch mit sich selbst austragen. Er schult, die Gleichwertigkeit von Positionen anzuerkennen und auch neue Argumente zu entdecken und sprachlich exakt zu artikulieren. Es lohnt sich durchaus, auch einmal bereits entschiedene Fragen erneut argumentativ zu durchdringen. Die Entscheidung des BVerfG zum gezielten Abschuss eines von Terroristen entführten Flugzeuges,[23] das auch Grundlage eines Theaterstücks geworden ist, kann argumentativ rekapituliert werden. Welche Argumente gibt es, die gegen eine Verletzung von Art. 1 GG sprechen? Gab es Minderheitsvoten? Welche Argumente wurden dort von den Richterinnen und Richtern vorgebracht? Auch eine Bewertung der inneren Tatseite von Rasern und damit die Abgrenzung von Eventualvorsatz und bewusster Fahrlässigkeit lässt sich durchdringen.[24] Bei den Rasern ist auch die Frage interessant, welche Rolle eigentlich dem Umstand zukommt, dass der Fahrer sich selbst gefährdet, seine Freundin als Beifahrerin dabei hat, auf die Sicherheitsmechanismen des Autos wie Airbags etc. vertraut. Wer an so einem Punkt anfängt zu graben und sich die Gedanken notiert oder fremde Argumente sammelt und diese bewertet, entwickelt sich. Das Wechseln der Perspektive von Pro zu Kontra und umgekehrt führt zu einem spielerischen und letztlich souveräneren Umgang mit dem Stoff. Debattierwettbewerbe in Lerngruppen können zudem exakt zugeschnitten werden auf Fragestellungen. Neue Argumente, die sich eben noch nicht in den Kommentaren oder Lehrbüchern finden, können analysiert werden. Es kann schwer sein, auf etwas völlig Neues zu kommen. Aber das Bemühen allein, nicht nur Bekanntes schlicht zu reproduzieren, stellt eine Abgrenzung zum Mainstream im juristischen Betrieb dar.

---

22 vgl. dazu insbesondere auch das BVerfG NJW 2019, 1510 m.w.N. zur BGH-Rspr.
23 vgl. BVerfG NJW 2006, 751.
24 vgl. BGH NStZ 2018, 409. Interessant auch wegen des Hinweises auf den für die Betrachtung der inneren Tatseite wesentlichen Zeitpunktes.

Viertens:

Einen Ausflug in die Welt der Rechtsphilosophie zu machen, ist auch eine Möglichkeit, sich vom Klein-Klein des studentischen Alltages zu lösen. Oft sind Aspekte des Examenswissens mit rechtsphilosophischen Fragestellungen unterlegt. Die Ebene der reinen Rechtsanwendung ist schnell verlassen, wenn es z.B. um Strafzwecke geht. Art. 1 GG mit seiner Objektformel wirft elementare rechtsphilosophische Fragen auf. Wie weit reicht die Privatautonomie im Zivilrecht? Woraus rechtfertigt sich der Verbraucherschutz als Beschränkung der freien Vertragsgestaltung? Wie weit darf das BVerfG gehen, bis die Gewaltenteilung verletzt ist, wenn zukünftige gesetzliche Regelungen in Entscheidungen skizziert werden? Wem dazu nichts einfällt, liest einfach mal Artikel in einschlägigen rechtsphilosophischen Fachzeitschriften. Die so oft bemühte Eisbergmetapher passt auch hier. Viele sehr gute Absolventinnen und Absolventen zeigen nur, was oberhalb des Wassers zu sehen ist, doch das Verständnis reicht viel tiefer. Unser Recht hat eben doch eine geistig und philosophisch viel größere Basis. Diese muss ebenfalls rezeptiert und gepflegt werden.

> **Wie werden Sie „künstlerischer" im Umgang mit dem Recht?**
> – Sehen Sie Argumente in Streitständen in einem anderen Licht. Lernen Sie diese nicht einfach auswendig, um sie in einer Klausur reproduzieren zu können. Tun Sie missliebige Argumente nicht einfach ab. Beschäftigen Sie sich auch einmal mit den Menschen dahinter und deren Herangehensweise.
> – Beschäftigen Sie sich aktiv mit rechtsphilosophischen und rechtspolitischen Fragen. Lesen Sie Aufsätze in rechtspolitisch spezifischen Fachzeitschriften zu Themen, die Sie gerade lernen.
> – Lesen Sie vor der Vorlesung etwas zu dem zu behandelnden Stoff. Vorwissen wird Ihren Blick schärfen. Vorlesungen werden von Menschen gehalten, die das Recht auch immer etwas als Kunstform sehen. Von ihnen können Sie mehr lernen als nur den Stoff.
> – Reduzieren Sie sich nicht allein auf die Rolle als Praktikerin oder Praktiker. Sehen Sie das Recht auch als intellektuelles Spiel und Argumentationen als Bälle in diesem Spiel.

12. Kreativität und gutes Argumentieren

Die Juristerei als Kunstform zu sehen und damit einen weniger technokratischen Umgang mit dem Recht zu entwickeln, ist eine Möglichkeit, festgefahrene Strukturen zu verlassen. Oder wie es oft genannt wird: „To think outside of the box". Doch wie kann man in einem recht starren System Freiräume schaffen? Denn Kreativität braucht Freiräume. Kreativität braucht aber auch Instrumente: Instrumente des Denkens. Doch der Umgang mit ihnen muss geübt werden.

Erst einmal sollten die Standards immer wieder durchgespielt werden. Diese Klassiker sollte jeder kennen:[25]

a) Analogie

Die Analogie wird auch als „argumentum a simili" bezeichnet. Es besteht eine dogmatische Vorgabe. Es müssen:

1. ähnliche Sachverhalte vorliegen
2. eine unbewusste Regelungslücke gegeben sein
3. ein Regelungsbedürfnis bestehen
4. und es darf kein Analogieverbot bestehen.

Der Umgang mit der Analogie dürfte bekannt sein. Aber auch hier ist eine Vertiefung dringend anzuraten.

b) Umkehrschluss

Der Umkehrschluss wird „argumentum e contrario" genannt. Er stellt in gewisser Weise ein Gegenstück zur Analogie dar. Nicht, weil etwas Ähnliches geregelt ist, soll es gleich behandelt werden, sondern die in Bezug genommene Regelung soll gerade eine gewollte Ausnahme bilden. Fehlt es an einer bewussten Lücke, kann gut mit dem Umkehrschluss argumentiert werden. Es kann darüber gestritten werden, ob eine Analogie oder ein Umkehrschluss anzunehmen ist. Keines der beiden Konstrukte hat den Vorrang vor dem anderen.

---

[25] Es wird die Lektüre entsprechender umfassender Darstellungen wie Larenz „Methodenlehre" oder auch Lutz Treder „Methoden und Technik der Rechtsanwendung" empfohlen.

Beispiel: Für den Erwerb von beweglichen Sachen ist in § 932 ff BGB ein Erwerb vom Nichtberechtigten im Gesetz vorgesehen. Die Vorschriften zum Erwerb von Rechten (§ 398 ff BGB) regeln einen solchen gutgläubigen Erwerb vom Nichtberechtigten nicht. Daraus wird geschlossen, dass ein solcher bei Rechten im Gegensatz zu Sachen gerade nicht gewollt ist. Daher können Nutzungsrechte an urheberrechtlich geschützten Werken auch nicht vom Nichtberechtigten gutgläubig erworben werden.

c) Erst-Recht-Schluss

Der Erst-Recht-Schluss wird „argumentum a fortiori" genannt. Man unterscheidet zwei Ausprägungen:

1. das „argumentum a maiore ad minus" (vom größeren/mehr auf das kleinere/weniger)
2. das „argumentum a minore ad maius" (vom kleineren/weniger auf das größere/mehr). Häufiger ist ein „argumentum a minore ad maius" auf der Tatbestandsseite einer Norm, während das „argumentum a maiore ad minus" häufiger auf der Rechtsfolgenseite herangezogen wird.

Beispiel für „argumentum a minore ad maius":

– *Wenn bereits das Betreten des Rasens verboten ist, ist erst recht das Befahren mit dem Fahrrad untersagt.*
– *Wenn schon der Eventualvorsatz den subjektiven Tatbestand erfüllt, dann erst recht das Vorliegen einer Absicht.*
– *Wenn man bereits von Bier mit einem niedrigeren Alkoholanteil betrunken wird, wird man erst recht von 75%em Schnaps betrunken.*

Beispiel für „argumentum a maiore ad minus":

– *Wenn bei einer Trunkenheitsfahrt der Führerschein entzogen werden kann, dann kann erst recht ein befristetes Fahrverbot verhängt werden.*
– *Wenn die Behörde nach dem Versammlungsgesetz eine unangemeldete Versammlung auflösen kann, darf sie erst recht Auflagen erteilen (vgl. § 15 Versammlungsgesetz).*
– *Wenn der Fußballspieler bei einem Foul eine rote Karte bekommen kann, dann kann erst recht die gelbe Karte gezogen werden.*

d) Hinweis auf widersinnige Folgen

Das „argumentum ad absurdum" kann herangezogen werden, um die Reichweite einer Auslegung auf bestimmte Sachverhalte auszuschließen. Dies erfolgt durch den Hinweis auf unsinnige Folgen.

Beispiele:

- Wenn man alle Spiele, bei denen das Töten von zentraler Bedeutung ist, verbieten würde, müsste man auch Schach untersagen.
- Es kann mit „Waffe" nicht jeder Gegenstand gemeint sein, mit dem man einen anderen verletzen kann. Bei einer so weiten Auslegung des Begriffs würde der Besitz und das Beisichführen diverser Alltagsgegenstände das Besteigen eines Flugzeuges ausschließen oder die Nutzung eines Auto als Waffenbesitz gelten.

e) Negatives Argument

Das „argumentum negativum" stützt sich auf das Fehlen von Gegenargumenten. Es wird sprachlich durch Formulierungen wie „Es ist kein Grund dafür ersichtlich, dass ..." eingeleitet. Ein Unterfall ist das „argumentum ex silentio", das einen Rückschluss aus dem Schweigen des Gesetzgebers zu einem Aspekt zieht.

Beispiel: *Was nicht ausdrücklich verboten ist, muss erlaubt sein.*

f) Hinweis auf den Gegenakt

Man spricht von der Zulässigkeit des „actus contrarius".

Beispiel: *Wenn die Behörde einen Verwaltungsakt erlassen darf, muss sie ihn auch wieder aufheben dürfen.*

g) Zirkelschluss

Ein Zirkelschluss wird auch „Zirkelbeweis", „logischer Zirkel", „circulus vitiosus" (lat., wörtlich: fehlerhafter Kreis) oder „hysteron proteron" (Altgriechisch, wörtlich: das Spätere vor dem Früheren) genannt. Es kommt zu einem – als Argument unzulässigem! – Zirkelschluss, wenn eine Aussage dadurch bewiesen werden soll, dass sie als Voraussetzung für sich selbst herangezogen wird.

Beispiel:

Sir Bedivere: „Warum wollt ihr diese Frau verbrennen?"
Dorfbewohner: „Weil sie eine Hexe ist!"
Sir Bedivere: „Woher wisst ihr, dass sie eine Hexe ist?"
Dorfbewohner: „Na, wir würden sie ja nicht verbrennen, wenn sie keine wäre."[26]

Mit diesen Standards kann sich jeder besser vertraut machen, indem bei jeder Argumentation, der man begegnet, eine Einordnung in entsprechende Kategorien erfolgt. Allerdings geht es auch darum, über den Tellerrand zu schauen. Der Philosoph Daniel C. Dennett trägt in seinem Buch „Intuition pumps and other tools for thinking" zahlreiche Denkmuster, aber auch Argumentationsstrategien zusammen. Vieles davon mag sich nicht in einem professionellen juristischen Umfeld anwenden lassen, doch es weitet den Blick und ermahnt, niemals nachzulassen. Letztlich hilft die Beschäftigung mit allen möglichen, auch nicht stringenten Argumentationsmustern dabei, fremden Argumenten besser entgegentreten zu können oder diese als fehlerhaft zu entlarven.

Letztlich kann hier auch auf eine Aussage von Clausewitz in seinem Buch „Vom Kriege" abgestellt werden. Darin schreibt Clausewitz, dass man sich mit allerlei Theorien, Vorgaben und Lehrmeinungen durchaus beschäftigen solle. Dann aber, wenn man mit den Nebeln der Ungewissheit – also Situationen, die nicht vorhergesehen werden können – konfrontiert ist, solle man sich auch lösen können und individuelle Lösungen erwägen.

Übertragen auf das juristische Argumentieren bedeutet dies, dass die Analyse gängiger Argumentationsmuster am Anfang stehen sollte. Im nächsten Schritt kann dann damit gespielt werden. Dies wird den Umgang vertrauter machen, so dass schließlich die Argumentationsmuster auch auf noch unerschlossene Stoffe angewendet werden können.

Wie können die entsprechenden Fähigkeiten aber entwickelt, geschärft und geübt werden?

Erstens:

Es sollte für jedes Argumentationsmuster ein Beispiel aus dem Alltag und eines aus dem Recht gesucht werden.

Beispiel: *Wenn das Autofahren umweltschädlich ist, ist es das Fliegen allemal (a minore ad maius). Wenn bereits eine Geschwindigkeitsüberschreitung von einem km/h jenseits der Toleranz einen Verstoß darstellt, dann auch eine Überschreitung von 20 km/h.*

---

26 Aus „Ritter der Kokosnuss" von Monty Python.

Zweitens:

Anhand eines Streitstandes mit vielen Theorien im Zivil- oder Strafrecht können die Argumente kategorisiert oder auch hinterfragt werden. Dies kann auch mit der Begründung für eine Gesetzesanwendung erfolgen.

> Beispiel: *Das Urheberrecht ist nach h.M. ein sonstiges Recht i.S.d. § 823 Abs. 1 BGB. Es wird dabei darauf abgestellt, dass es wie das Eigentum ein absolutes Recht ist und damit gegenüber jedermann gilt. Kann dies auch im Wege der Analogie zu Eigentum begründet werden oder ist eine Auslegung des Begriffs „sonstiges Recht" zwingend?*

Drittens:

Man nimmt eine These, die völlig unsinnig oder (noch) als nicht diskussionswürdig erscheint und versucht dann, Argumente für diese These zu suchen. Thesen können auch in Fragen gekleidet werden.

> Beispiele: *Wäre eine mit Bewusstsein ausgestattete künstliche Intelligenz per se rechtsfähig? Kann Thor seinen Hammer an Superman nach deutschem Recht übereignen?*

Wie schärfen Sie Ihr Profil im Bereich des Argumentierens?
- Ordnen Sie jedes Argument, das Sie hören, egal ob im juristischen Kontext oder außerhalb, einem Typus zu.
- Analysieren Sie Urteile oder Aufsätze, in denen Argumente widerlegt werden. Hinterfragen Sie dabei das Ursprungsargument und auch die Widerlegung.
- Nehmen Sie eine These und suchen Sie Argumente für oder gegen diese These, die zu unterschiedlichen Typen gehören.

13. Strukturierte Vorbereitung

Wie sieht eine gute Vorbereitung aus? Woran erkennt man, dass man wirklich Fortschritte macht und genug Input bekommt? Folgende Liste kann einen Ist-Stand geben.

0 ☹

1-3 😐

4-7 🙂

> 7 😎

Wie viele Urteile der Obergerichte oder Aufsätze, die in Vorlesungen erwähnt wurden, sind in der letzten Woche oder im letzten Monat tatsächlich durchgearbeitet worden?
Wie viele Kurzlehrbücher wurden statt eines umfangreicheren Lehrbuchs angeschafft, um den vermeintlich ausufernden Stoff zu reduzieren?
Wie oft wurde zu einer juristischen Fragestellung einfach so aus Neugier herumgelesen?
Wie oft wurden diffizile Rechtsfragen in einer Gruppe diskutiert?
All das sind nur Indizien. Selbst, wer viele Aufsätze und Urteile liest, muss deren Inhalt nicht unbedingt verinnerlicht haben. Dennoch gibt die Quantität der juristischen Lektüre einen Aufschluss darüber, was für eine Beziehung zum juristischen Stoff besteht.
Der Stoff sollte nicht bloß wiederholt werden, sondern vielmehr immer neu betrachtet. Es geht um dieses sich stetig hineindenken in die Problemstellungen. Spaß daran haben.
Es gibt keine festen Vorgaben, nach denen zum Beispiel ein Lernplan erstellt werden sollte. Für den einen mag eine taggenaue Festlegung des Lernstoffs genau das Richtige sein. Ein anderer wird vielleicht eine stetige Abwechslung bevorzugen.[27]
Die digitale Verfügbarkeit von juristischer Fachliteratur, besonders in Form von Fachaufsätzen, eröffnet noch nie dagewesene Möglichkeiten für die Eigenvorbe-

---

27 ter Haar, Lutz und Wiedefels skizzieren in ihrem Buch „Prädikatsexamen" exakte Vorgaben für eine Examensvorbereitung mittels einer Arbeitsgemeinschaft und liefern exakte Pläne. Dies kann ein guter Weg sein, wenn die Teilnehmer in gleicher Weise fokussiert sind.

reitung. Hier soll einmal gezeigt werden, wie Inhalte mittels eines Online-Portals wie Beck-Online oder Juris aufgearbeitet werden können.

Schritt 1:

Ein Urteil, z.B. des BGH, wird gesucht. Die Fundstellen für das Urteil enthalten auch einen Hinweis darauf, ob in Fachzeitschriften (z.B. NJW) auch noch Anmerkungen von Kommentatoren abgedruckt sind. Am Ende oder Anfang der Fundstelle befindet sich meist ein Überblick über alle Fundstellen in Fachzeitschriften. Oftmals hat die Zeitschrift das Urteil auch mit einer Gliederung versehen, so dass gezielter zu einem Punkt gesprungen werden kann. Daher kann es auch vor dem Lesen eines langen Urteils sinnvoll sein, zuerst die Anmerkung zu dem Urteil anzuschauen. Darin ist nämlich oftmals der Tatbestand des Urteils verkürzt, aber noch ausreichend präzise wiedergegeben. Nach dem Lesen des Urteils sollte man sich zunächst fragen, ob die Bedeutung der Ausführungen losgelöst vom konkreten Fall erfasst wurden.

Schritt 2:

Nach der Lektüre des Urteils selbst ist eine Betrachtung zunächst vorhandener Anmerkungen dazu in verschiedenen Quellen unbedingt zu empfehlen. Die Anmerkungen sind meist recht kurz und ordnen die Entscheidung in einen Kontext. So kann es sein, dass die Entscheidung Wertungen der Rechtsprechung weiter konkretisiert oder älterer Rechtsprechung sogar widerspricht. Dies erwähnen die Gerichte in ihren Entscheidungen manchmal selbst, aber eben nicht immer. Oftmals ergibt sich aus den Anmerkungen auch, für welche weiteren Sachverhaltsgestaltungen die Wertungen ebenfalls von Bedeutung sind. Anmerkungen in speziellen, für Studierende vorgesehenen Zeitschriften (wie z.B. JuS oder JA) enthalten auch gezielte Hinweise zur Examensrelevanz.

Schritt 3:

Nach Sichtung der Anmerkungen sollte dann noch recherchiert werden, in welchen Aufsätzen, aber auch Entscheidungen von Gerichten, sich eine Bezugnahme auf das gelesene Urteil befindet. Dies kann durch eine, in den Portalen bereits vorgesehene Suche nach „zitiert in" erfolgen. Häufig finden sich Aufsätze mit einer umfassenderen Analyse zu den in dem Urteil vorhandenen Wertungen. Bereits das Überfliegen der Titel der Aufsätze gibt einen Eindruck darüber, welche Bedeutung der Entscheidung zukommt.

Schritt 4:

Die gefundenen Treffer und eine Betrachtung der Ausrichtung der Inhalte sollten darüber entscheiden, welche weiteren Quellen nun tatsächlich gelesen werden. Nach Lektüre vorhandener Anmerkungen ist bereits ein Vorwissen da.

Wer eine strukturelle Durchdringung wünscht, wird Aufsätze bevorzugen, die quasi eine Prüfungsfolge vorgeben. Wer tiefer einsteigen will, wird punktuell vertiefte Aufsätze vorziehen. Eine Einordnung kann auch anhand der Autorinnen und Autoren erfolgen: Professorinnen und Professoren neigen tendenziell zu einer rechtswissenschaftlichen und dabei analytischen Betrachtung. Die Anwaltschaft verkürzt und strukturiert oftmals gezielter bezogen auf die praktische Anwendung und mitunter auf Fallstricke bei der Geltendmachung von Ansprüchen. Veröffentlichungen aus den Reihen der Richterschaft geben oft Hinweise darauf, was bei der Subsumtion von Merkmalen und der Strukturierung einer Prüfung relevant ist.

Schritt 5:

Werden sehr erhellende Quellen gefunden, die nach der Lektüre tatsächlich mehr Verständnis geschaffen haben, sollten die Fundstellen unbedingt archiviert werden. Es ist sinnvoll, diese Quellen auf Wiedervorlage zu legen, also Termine zur erneuten Lektüre in den Kalender zu schreiben oder Erinnerungen im Smartphone einzurichten. Erst nach erneuter Sichtung wird sich das Wissen tatsächlich festigen können.

Schritt 6:

In vielen Fachzeitschriften erscheinen in regelmäßigen Abständen Zusammenfassungen neuerer Rechtsprechung zu einem Themenkomplex. Besteht bereits Vorwissen dazu, ist die regelmäßige Lektüre eine gute Möglichkeit, sein Wissen weiter zu vertiefen. Diese Zusammenfassungen bieten auch den Einstieg in Schritt 1 der hier beschriebenen Vorgehensweise. Wer einen Repetitor besucht, bekommt vielleicht dort entsprechendes Material. Mit einem juristischen Portal lassen sich aber auch schnell gute Zusammenfassungen finden. Ein wiederholtes Durcharbeiten führt zu mehr Verständnis.

Wie kann ich strukturierter lernen?
- Machen Sie aktiv einen Plan für Ihr Lernen. Lernen Sie nicht ins Blaue hinein.
- Planen Sie Wiederholungen ein, deren Umfang sich an der jeweiligen Komplexität orientiert.
- Gleichen Sie Ihren Fortschritt mit dem Plan ab.
- Fangen Sie früh an. Wiederholen und vertiefen Sie den Stoff nicht erst, wenn der ganze Stoff behandelt wurde. Bleiben Sie durchgehend im Training.
- Lernen Sie nicht durchgehend mit demselben Material. Vertiefung setzt verdichtetes Material voraus.
- Aktualisieren Sie Ihr Wissen. Ein wöchentlicher Blick zumindest auf das Inhaltsverzeichnis einer oder zwei großer Fachzeitschriften begünstigt, dass Sie Rechtsänderungen zeitnah mitbekommen.

14. Das mündliche Examen

Das mündliche Examen stellt die Prüflinge vor ganz spezielle Herausforderungen, auf die die wenigsten im Studium hinreichend vorbereitet werden. Es gibt zwar Aktenvortragskurse und es werden auch simulierte Prüfungen angeboten, vereinzelt gibt es zudem Moodcourts, bei denen mündlicher Vortrag und Argumentieren eingeübt werden. Verbindlich für alle Studierenden sind diese „Extras" in der Regel aber nicht. Es fehlt schlicht an einer ausgeprägten Kultur der Mündlichkeit in der juristischen Ausbildung. Im juristischen Alltag in der Praxis spielt die Fähigkeit, sich mündlich zu juristischen Aspekten präzise ausdrücken zu können und gleichzeitig als Person präsent, vertrauens- und glaubwürdig zu sein, überraschenderweise ebenfalls nur eine untergeordnete Rolle. Anwälte mögen widersprechen, wo sie doch Mandanten gegenüber und auch vor Gericht viel reden. Viele beherrschen es durchaus, mit Mandanten und auch dem Gericht als Interessenvertreter zu sprechen. Auch Staatsanwältinnen und Staatsanwälte und Richterinnen und Richter sprechen über das Recht, belehren und argumentieren. Dies erfolgt jedoch innerhalb oftmals strenger Korsette wie dem Plädoyer oder der Urteilsbegründung. Anwältinnen und Anwälte vereinfachen gegenüber Mandanten, lassen Aspekte weg oder argumentieren als Interessenvertreter meist nur sehr einseitig. Sie stören mitunter die Kommunikation, z.B. nach dem Prinzip der Konfliktverteidigung im Strafverfahren, wo es nicht um Informationsvermittlung, sondern um Disruption geht. In Zivilprozessen wird häufig ganz wenig gesprochen, weil alles bereits in den Schriftsätzen dargelegt wurde. Wenn argumentiert wird, erfolgt dies nur einseitig oder es wird gegen die Rechtsauffassung der Gegenseite oder des Gerichts angeredet. Die Kommunikation zu Mandanten ist ebenfalls häufig von manipulativen Aspekten geprägt. Eine differenzierte Darstellung von Streitständen oder einem Pro und Kontra gibt es sehr selten – auf Anwaltsseite eigentlich nie. Anwälte wollen doch in der Regel andere von ihrer Position überzeugen, nicht aber rechtswissenschaftlich differenzierte Darstellungen, wie im Studium oder Referendariat gefordert, liefern. Dann bleiben noch die Lehrenden und Repetitoren. Dabei handelt es sich aber um eine so kleine Gruppe, dass diese keine neue Kultur der Wortgewandtheit und Präsenz etablieren kann.

Was hier gemeint ist, wird klar, wenn man sich die Anforderungen an die Leistungen im mündlichen Examen einmal genauer anschaut:

Es wird eine differenzierte, ausgewogene, aber auch knappe Wiedergabe juristischer Wertungen verlangt. Zudem wird gefordert, spontan zu argumentieren oder auf Nachfragen ad hoc zu reagieren. Vereinfachen, einseitig argumentieren, manipulieren, die Kommunikation stören oder auf Schriftsätze verweisen, ist aufgrund des Bewertungsregimes nicht angezeigt. Schließlich sollte im mündlichen Examen von den Prüfern tatsächlich verstanden, also nachvollzogen werden können, was kommuniziert wird. Es bedarf also auch mündlich einer strukturierten Darstellung, die die in der juristischen Dogmatik angelegten Abhängigkeiten berücksichtigt. Als Beispiel sei auf die Notwendigkeit hingewiesen, den haftungsbegründenden Tatbestand vor dem haftungsausfüllenden zu thematisieren oder aber im Strafrecht mit dem objektiven Tatbestand und da bei einem Erfolgsdelikt mit dem Eintritt des entsprechenden Tatbestandsmerkmals zu beginnen. In der beruflichen Praxis würde vielleicht eher mit der „spannenderen Rechtsfrage" oder dem „wackeligen" Aspekt begonnen werden.

Bereits beim Schreiben von Klausuren ist Sprache ein wesentlicher Aspekt und leider auch ein häufiges Defizit. Papier ist jedoch geduldig. Der Prüfer kann die Ausführungen mehrfach lesen, zurückblättern und er kann reflektieren. In einem mündlichen Examen muss all dies simultan geschehen. Die Situation gleicht mehr einer Life-Sendung.

Es werden sich daher mehrere Anforderungen ergeben, die letztlich die Bewertung beeinflussen:

a) Inhaltliche Qualität

Oftmals ist nicht einmal fehlendes Wissen das Problem. Die inhaltliche Qualität leidet vielmehr daran, dass Andeutungen für ausreichend gehalten werden. Es findet häufig nur ein „Stichwortdropping" statt. Es wird dadurch auf das Wissen der Prüfer rekurriert.

Dazu ein Beispiel:

Frage: *Was ist dem A rechtlich möglich, wenn er in einer Bar einen „Manhattan" bestellt und diesen fälschlicherweise für einen „Cosmopolitan" hält?*
Antwort: *Er kann anfechten, weil er sich geirrt hat, wenn er dies unverzüglich bemerkt. Er verwechselt den Aussagegehalt seiner Wörter. Dann muss er nicht zahlen. Anfechtungsgrund ist ein Inhaltsirrtum nach § 119 Abs. 1 BGB. Es gilt, „er weiß nicht, was er sagt". Dann haftet er aber auf den Vertrauensschaden.*

Da ist sicherlich viel Wahres dran. Dennoch ist die Antwort nicht optimal. Wie wäre eine solche Antwort zu modifizieren, um die Chancen zu erhöhen, als deutlich überdurchschnittlich eingeordnet zu werden?

Diese Aspekte dürften eine Verdichtung begünstigen:
− Orientierung an konkreten Rechtsfolgen
− Nennung der entsprechenden Normen
− Abbildung der bekannten Prüfungsfolge
− Nachzeichnung des Wertungsmusters
− schrittweises Ableiten des Ergebnisses

Beispiel:

> Der A könnte sich durch eine Anfechtung vom Vertrag über den Cocktail lösen. Die Rechtsfolge einer solchen Anfechtung ergäbe sich aus § 142 Abs. 1 BGB und bezöge sich allein auf seine Willenserklärung. Seine Erklärung würde dadurch nichtig und damit auch der ganze Vertrag. Die Rechtsfolge der Nichtigkeit gilt „ex tunc", also wie in § 142 Abs. 1 formuliert, von Anfang an. Es bedürfte dafür allerdings einer fristgerechten Erklärung der Anfechtung und eines Anfechtungsgrundes. Die Irrtumsanfechtung ist in § 119 BGB geregelt. In Frage kommt hier der Anfechtungsgrund nach § 119 Abs. 1 1. Alt BGB. Der Inhaltsirrtum erfasst Fälle, in denen der Erklärende eine Fehlvorstellung hinsichtlich der Bedeutung eines Wortes hat. Die zweite Möglichkeit – der Erklärungsirrtum – erfasst hingegen die Fälle des Versprechens oder Verschreibens. Dies ist hier nicht gegeben. Vielmehr passt der Merksatz für den Inhaltsirrtum „er weiß nicht, was er sagt", denn A spricht das Wort „Manhattan" bewusst aus, hat aber eine Fehlvorstellung davon, was sich hinter einem „Manhattan" verbirgt. Er stellt sich ein Getränk vor, dass einem „Cosmopolitan" entspricht. Sein Defizit liegt also beim Wissen um die Bedeutung des Wortes „Manhattan" im Kontext einer Bar, nicht dem Aussprechen des Wortes. Wenn dem Barmann als Vertreter des Rechtsträgers der Bar die Anfechtungserklärung zugeht, tritt die in § 142 Abs. 1 BGB geregelte Rechtsfolge ein. Wird die Anfechtung direkt nach Erhalt des Getränkes erklärt, erfolgt diese auch unverzüglich, also ohne schuldhaftes Zögern und damit fristgerecht i.S.d. § 121 BGB. § 122 BGB regelt einen Schadensersatzanspruch des Vertragspartners des Anfechtenden. Dieser richtet sich aber nicht auf den kalkulierten Gewinn der Bar. Dies ergibt sich aus dem Zweck der Norm, eben nur das negative und nicht das positive Interesse am Vertrag auszugleichen. Das negative Interesse wird als Vertrauensschaden bezeichnet ...

Das Beispiel zeigt, dass auch kleine Fälle nicht mit wenigen Worten und kurzen Antworten ausreichend gelöst werden können. Auch die oben skizzierte Antwort stellt eine Verkürzung dar und variiert die Begründungstiefe.

b) Strategie der Prüfenden in der Sondersituation einer Gruppenprüfung

Ein anderer Aspekt ist die Erwartungshaltung der Prüfenden in einem mündlichen Staatsexamen. Diese wird auch von der akademischen Haltung geprägt. Diese ist in der Regel den Prüflingen gegenüber positiv. Bei Prüfenden gibt es große Präferenzen für eine strukturierte Herangehensweise und das Durchdringen von juristischer Materie vom Allgemeinen zum Besonderen. Dies bedeutet, dass der Fragende die Regel vor der Ausnahme erläutert bekommen möchte. Außerdem sind Gruppenprüfungen davon geprägt, dass nicht eine Person allein befragt wird. Der Prüfende braucht quasi eine Route, wie der Komplex aufgebaut wird. Eine solche Frageroute mag sich der Prüfende vorher zurechtgelegt haben oder entwickelt diese spontan. Oft möchten Prüfende auch erfahren, wie sich die Prüflinge in unbekanntem Terrain bewegen. Es geht dann mehr darum, die richtigen Fragen aufzuwerfen und nur kleine Schritte zu tun. Wichtiger ist dann, was sein könnte, als was ist. Der Prüfling soll aus Sicht des Prüfenden oft mehr ein Forscher als ein bereits Wissender sein. Natürlich geht es mitunter auch um das reine Präsentieren von Wissen.

Auch wenn Wissen präsentiert wird, geht es um das Wie des Vermittelns.

Beispiel (K1, K2, K3, K4 sind die Prüflinge):

Frage des Prüfenden an K1:
„Welche Bedeutung kommt den Grundrechten im Verfassungsgefüge zu?"

K1: *„Die Grundrechte stehen allen Menschen zu und gelten universal."*

Diese Antwort ist aus Sicht des Prüfenden zu unscharf und müsste daher präzisiert werden. Weshalb ist diese Antwort zu ungenau? Warum erwartet der Prüfende mehr? Der Prüfende erwartet bereits die Berücksichtigung des spezifischen Wissens zu den Grundrechten. Er erwartet, dass bekannt ist, dass Art. 12 GG z.B. auf deutsche Staatsbürger beschränkt ist und auch eine allgemeine Antwort dies berücksichtigt. Damit ist die Aussage, die Grundrechte stünden allen Menschen zu, zu pauschal. Auch geht es ihm nicht unbedingt um das, was die Grundrechte regeln, sondern welche Funktion ihnen zukommt.

Nun fragt der Prüfende K2:
„Stimmen Sie dem zu? Würden Sie noch etwas hinzufügen wollen?"

K2: *„Die im Grundgesetz als Verfassung geregelten Grundrechte sind primär als Abwehrrechte des Bürgers gegen den Staat ausgestaltet worden. Sie können in Freiheits- und auch Gleichheitsrechte untergliedert werden. Einige Grundrechte gelten für alle Menschen, andere, wie Art. 12 GG – die Berufsfreiheit –, nur für Deutsche. Das Grundrechtssystem ist lückenlos und bildet die Grundlage dafür, dass der Staat zu Eingriffen in die Grundrechte nur aufgrund eines Gesetzes befugt ist."*

Diese Antwort liefert eine Aussage bezüglich der Metaebene (hier die hinter den Grundrechten liegende Funktion) und trifft daher die Erwartung eher. Jedenfalls ist sie klar und präzise.

Prüfender (möchte einen Schritt weiter gehen und den Schutzumfang thematisieren):

„Danke K2. K3, was meint K2 damit, dass das Grundrechtssystem lückenlos sei?"
K3: *„Dass die Grundrechte einen Schutzbereich haben und der Vorbehalt des Gesetzes greift. Liegt ein Eingriff in den Schutzbereich vor, bedarf es immer zur Rechtfertigung eines Gesetzes. Damit ist der Schutz lückenlos."*

Die Antwort ist dem Prüfenden zu ungenau, da sie nicht auf den gefragten Punkt eingeht. Hier stellt K3 gleich auf den Vorbehalt des Gesetzes[28] als Begriff ab.

> Prüfender zu K4: *„Stimmen Sie dem zu?"*
>
> K4: *„Nein, denn mit lückenlos meint K2 etwas anderes, denke ich. Vielmehr ist gemeint, dass bei den speziellen Freiheitsrechten wie z.B. der Berufsfreiheit in Art. 12 GG oder der Meinungsfreiheit in Art. 5 GG nicht geschützte Bereiche jedenfalls von der allgemeinen Handlungsfreiheit des Art. 2 Abs. 1 GG erfasst werden. Daher wird Art. 2 Abs. 1 GG aufgrund seines weiten Schutzbereichs auch als Auffanggrundrecht bezeichnet. In Artikel 2 Abs. 1 GG kann aufgrund eines einfachen Gesetzes eingegriffen werden. Sind speziellere Freiheitsrechte betroffen, ist Art. 2 Abs. 1 GG subsidiär und tritt als allgemeinere Regelung hinter die speziellere Regelung zurück. Dies dürfte mit lückenlos gemeint sein."*

An dieser Stelle zeigt sich, dass die Antwort nicht für sich selbst stehen sollte, sondern antizipieren muss, worauf der Prüfende hinauswill. Dies ist für K4 nur möglich, weil diese Aspekte in einem wertungsmäßigen Zusammenhang stehen und daher auch als bekannt vorausgesetzt werden können. Daraus speist sich auch die Erwartungshaltung.

> Frage: *K1, gibt es auch Auswirkungen der Grundrechte auf die Bürger selbst?*
>
> K1: *„Grundsätzlich binden die Grundrechte nur den Staat. Er ist alleiniger Adressat und durch die Schranken der Grundrechte gebunden. Der Bürger selbst ist zumindest nach h.M. nicht Adressat der Grundrechte."*
> Frage: *„K2, die Bürger sind also frei und sind nicht an die Grundrechte gebunden?"*
>
> K2: *„Die Grundrechte enthalten grundlegende Prinzipien, die in die Rechtsordnung einstrahlen. Dies manifestiert sich bei der Rechtsanwendung durch die Judikative. Insbesondere legt die Rechtsprechung grundrechtliche Wertungen bei der Auslegung unbestimmter Rechtsbegriffe zugrunde. Dies erfolgt oftmals durch Abwägungen zwischen zwei grundrechtlich geschützten Interessen. Man spricht von der mittelbaren Drittwirkung der Grundrechte."*

Auch hier belässt es der Kandidat nicht dabei, darauf hinzuweisen, dass es eine mittelbare Drittwirkung der Grundrechte gibt, sondern sagt auch, was sich dahinter verbirgt. Eine weniger differenzierte Antwort, die wieder an das Wissen des Fragenden rekurriert, wäre z.B. gewesen:

---

28 Hier gilt es zudem zu beachten, dass zum Teil zwischen Vorbehalt des Gesetzes und Gesetzesvorbehalt differenziert wird. Nicht immer wird die Differenzierung aber auch thematisiert, vgl. Voßkuhle in JuS 2007, 118.

Für die Bürger gelten die Grundrechte mittelbar. Unbestimmte Rechtsbegriffe sind dann das Einfallstor für die Grundrechte. So sind auch die Bürger gebunden.

Diese Antwort enthält durchaus passende Schlagworte, ist aber nicht so spezifisch wie die erste. Letztlich ist natürlich die Frage, wie die Kandidaten nun spontan diese Unterschiede herausarbeiten sollen, wo doch alles so schnell geht und anders als hier die Formulierungen nicht zuvor reflektiert werden können. Die Beispiele hier mögen daher „scripted" und nicht realistisch erscheinen. Die Erfahrung in Prüfungen, besonders mit Highperformern, zeigt jedoch etwas anderes. Die Souveränität wächst oftmals mit der Vertrautheit der Inhalte und vor allem den dahinter liegenden Wertungsmuster. Diese Vertrautheit schützt auch davor, den Fragenden mit unpassenden Details zu überschütten. Wie aber entsteht eine solche „Vertrautheit"? Kann diese gefördert werden? Gibt es Lernstrategien, um mehr in den Stoff zu kommen?

Erstens:

Neugierig zu bleiben ist wichtig. Unabhängig davon, ob ein Themenbereich schon bekannt zu sein scheint oder gar als langweilig angesehen wurde, gilt es aufgeschlossen zu bleiben. Auch zur Vorbereitung mündlicher Prüfungen gilt: In den meisten Bereichen gibt es wichtige Gerichtsentscheidungen, die essentielle Ausführungen, bezogen auf die entschiedene Fallkonstellation, enthalten. Wer stets nur Kurzlehrbücher, Material von Repetitorien oder Kurzkommentare nutzt, wird einen oberflächlichen Blick behalten. Es muss auch nicht immer die Lektüre langer Urteile und der dazu gehörigen Fallkonstellationen sein, Urteilsbesprechungen oder Fachaufsätze zur Rechtsentwicklung enthalten oftmals gute Ausführungen. So werden Zusammenhänge klarer. Dies gilt auch für Fachbücher und die großen Kommentare mit umfangreicheren Ausführungen. Auch Ausbildungsliteratur kann wichtige Informationen enthalten. Spezielle Fachzeitschriften für Studierende und Referendare sollten daher immer mal wieder durchgesehen werden. Es empfiehlt sich, auch Inhalte erneut zu sichten, die bereits bekannt sind.

Zweitens:

Die Prüfungssituation sollte den Betroffenen vertrauter werden. In Lerngruppen sollten sich die Teilnehmer auch mündlich befragen. Es gilt dann wirklich einmal, Frage- und Antwortstrategien auszuprobieren. Oftmals wird in Lerngruppen nur kursorisch gecheckt, ob der Einzelne etwas weiß oder Stichworte geben kann. Damit darf es nicht enden. Es sollte zunächst mindestens so lange an den Antworten gefeilt werden, bis diese gut formuliert sind. Der Einzelne muss sich auch zugestehen können, in diesem Bereich zunächst Defizite zu haben. Auch wortgewaltige Ausführungen, die zunächst kompetent erscheinen, gilt es kritisch zu hinterfragen. Macht jemand etwas gut, gilt es herauszufinden, woran das konkret liegt. Konkurrenzdenken ist fehl am Platz.

Drittens:

Enthusiasmus kann auch eine Triebfeder für mehr Durchdringung sein. Wer sich ein juristisches Thema sucht, für das sie oder er brennt, wird auch anders darüber sprechen können. Solange eine Leidenschaft nicht die kritische Distanz zerstört, ist dies eine Chance. Es gilt dann diesen emotionalen Schwung auch auf andere Gebiete zu übertragen. Wer oft unvorbereitet Kurzvorträge zu einem Thema mit emotionaler Nähe hält, wird sicher profitieren. Wem es gelingt, die ganze Materie als eigene zu sehen und rechtswissenschaftliche Betrachtungen schlicht zu mögen, dessen mündliche Darstellung wird sich ohne Zweifel verbessern. Wer sich hingegen das Recht in spannende und langweilige Bereiche einteilt, wird entsprechend in der mündlichen Prüfung präsenter oder weniger präsent und damit kompetent wirken.

c) Sprachliche Souveränität

In mündlichen Prüfungen muss eine Balance zwischen Fachsprache und dem Erfordernis der Klarheit gefunden werden. Was aufgeschrieben wird, kann nochmals gelesen werden. Die Prüfenden sind das Aufnehmen geschriebenen Wortes auch mehr gewohnt als eine mündliche Darstellung. Umso nötiger ist es daher, klar und präzise zu sein.

Folgende Aspekte können helfen:

Erstens:

Der Anspruch sollte nicht sein, Schriftdeutsch zu sprechen. Niemand möchte auswendig gelernte Textbausteine präsentiert bekommen. Füllwörter, Manierismen und lange Schachtelsätze gilt es daher zu vermeiden.

Die Frage ist, wie mit Definitionen von Tatbestandsmerkmalen in Normen umzugehen ist. Wer auf die Frage, ob eine Übergabe i.S.d. § 929 S. 1 BGB vorliegt, ohne Zögern antwortet: *„Übergabe ist anerkanntermaßen nicht wörtlich zu verstehen, sie setzt totalen Besitzverlust beim Veräußerer und irgendeinen Besitzerwerb beim Erwerber auf Veranlassung des Veräußerers voraus"*, wird vielleicht nicht die Reaktion erleben, die er sich wünscht.

Es kann zwar sein, dass einmal eine spezifische Definition gewünscht wird. Dann würde aber gezielter gefragt, z.B. *„Wie wird Sache in § 242 StGB definiert?"* Dann kann die Antwort lauten: *„Sachen werden als körperliche Gegenstände definiert."* Geht es aber um komplexere Merkmale wie bei der Übergabe i.S.d. § 929 S. 1 BGB, empfiehlt sich eine quasi „entwickelnde" Erläuterung. Jeder sollte wissen, dass es sich um einen doch sehr weit ausgelegten Begriff handelt. Während in einem schriftlichen Gutachten die oben formulierte Definition durchaus am Anfang stehen und die passende Teildefinition dann daraus abgeleitet werden können, sollte in einer mündlichen Darstellung nicht ein solcher deduktiver und damit ableitender, sondern vielmehr ein induktiver, also heranführender Ansatz gewählt werden. Beispiel:

Das Merkmal der Übergabe in § 929 S. 1 BGB wird sehr weit ausgelegt. Dies hat seinen Grund darin, dem Rechtsverkehr mehr Flexibilität zu verleihen. Auf den ersten Blick erscheint der Wortlaut eng und erfasst nur so etwas wie das Überreichen eines Gegenstandes von einer Person an die andere. Dies legt der Wortlaut nahe. Erfasst ist insofern die Übertragung des unmittelbaren Besitzes durch Übertragung der tatsächlichen Sachherrschaft, wie es § 854 BGB regelt. Allerdings differenziert das BGB in unmittelbaren und mittelbaren Besitz und lässt auch die Übertragung des mittelbaren Besitzes zu. Die Übergabe soll daher auch die Übertragung des mittelbaren Besitzes erfassen. Die rechtswissenschaftliche Auslegung geht jedoch noch einen Schritt weiter ...

Diese erläuternde Darstellung lässt mehr Rückschlüsse auf das Hintergrundwissen des Antwortenden zu. Wird daher nicht nach einer Definition eines Merkmals gezielt gefragt, kann ein solcher deduktiver Ansatz von der engen zur weiten Auslegung mehr Kompetenz vermitteln.

Zweitens:

Details sollten wertgeschätzt werden. Der Zuhörer soll bemerken, dass der Sprechende sprachlich präzise ist und Wertungsmuster transparent macht.

Beispiel: Die Wertungen der Rechtsprechung des BGH zur Rechtmäßigkeit der Bildnisverwendung werden als abgestuftes Schutzkonzept beschrieben.[29] Es knüpft an die Regelungen des KUG an.

Wie kann nun eine Erläuterung erfolgen, die eine Subsumtion einer mitgeteilten oder noch mitzuteilenden Fallkonstellation vorbereitet? Zunächst dürfte die Souveränität dadurch gefördert werden, dass erläutert wird, dass es sich um ein Wertungsregime der Rechtsprechung handelt. Daher wäre es wenig elegant, wie folgt zu formulieren:

Fotos dürfen immer dann rechtmäßig veröffentlicht werden, wenn ... 1. ... 2. ... 3. ...

Dies suggeriert eine rein gesetzliche Vorgabe, die es aber gerade nicht gibt. Vielmehr könnte so begonnen werden:

Der BGH hat zuletzt zur Bewertung der Rechtmäßigkeit von Bildnisveröffentlichungen ein Wertungssystem entwickelt, das abgestuftes Schutzkonzept genannt wird. Dieses knüpft an die Regelungen des KUG an und ermöglicht eine Prüfung in Schritten. Dabei werden jedoch im Rahmen der Auslegung des KUG auch die betroffenen Grundrechte gegeneinander abgewogen. Entscheidend sind dabei besonders zwei Aspekte: Bildnisse sind stets kontextabhängig und damit bezogen auf den verbundenen Text zu bewerten und es ist immer eine Abwägung im Einzelfall erforderlich. Folgende Prüfungs-

---

29 vgl. BGH NJW 2007, 1977

> *folge ergibt sich nach der Rechtsprechung: Es muss eine Identifizierbarkeit des Abgebildeten gegeben sein. Dabei reicht es bereits aus, wenn nur Verwandte oder enge Freunde die Person an individuellen Merkmalen erkennen können. Ist dies der Fall, legitimiert eine Einwilligung des Abgebildeten die Veröffentlichung umfassend. Fehlt es daran, ist nach einem – man könnte es nennen – gesellschaftsdiskursiven Anlass für die Veröffentlichung zu fragen. Dabei handelt es sich um ein sehr umstrittenes Merkmal. ...*

Mit dem abgestuften Schutzkonzept kann mündliche Darstellung gut trainiert werden. Wer hier nur einige Entscheidungen – es gibt diverse dazu – einmal liest und dann die Wertungen mündlich ausformuliert oder niederschreibt, wird souveräner werden. In dem bisherigen Teil ist zu erkennen, dass die Rechtsprechung für die Identifizierbarkeit der abgebildeten Person einen bestimmten Maßstab setzt. Dieser wird mitgeteilt. Durch die Verwendung des Begriffs des „gesellschaftsdiskursiven Anlasses" wird ein Akzent gesetzt und durch den Hinweis, dass es sich um ein zentrales Element handelt, verstärkt. Zu Beginn wird die besondere Wertigkeit zweier Elemente hervorgehoben. Dies ist nicht zwingend, akzentuiert aber die Ausführungen für den Fall, dass eine Unterbrechung erfolgt und ein anderer Kandidat gefragt wird. Letztlich gibt es keine feste Regel, da mündliche Prüfungen dynamisch verlaufen. Dennoch kann das prüfende Gegenüber auf das Detailwissen gelenkt werden, ohne alles bereits erläutern zu müssen.

Drittens:

Wem Detailwissen zu dem gefragten Bereich fehlt, kann sich in seinen Antworten methodisch, aber auch sprachlich an Prinzipien entlang hangeln. Oftmals wird bewusst etwas gefragt, was der Geprüfte nicht wissen kann, um eben die prinzipielle Fähigkeit, mit Normen und Dogmatik umzugehen, abzuprüfen.

Dazu ein Beispiel:

> *Frage: Ist Poker nach den gesetzlichen Regelungen ein Glücksspiel?*
> Eine Definition des Merkmals „Glücksspiel" nun aufzusagen, wird kaum gewollt sein. Eine „entwickelnde" Antwort könnte vielmehr lauten:
> *Es handelt sich bei dem Merkmal „Glücksspiel" um einen unbestimmten Rechtsbegriff. Um den Begriff zu definieren, um dann eine Subsumtion vornehmen zu können, ist der Begriff im Wege der Auslegung genauer zu bestimmen. In einem juristischen Kontext werden etablierte Auslegungsmethoden zur genaueren Bestimmung herangezogen. Am Anfang steht dabei die wörtliche Auslegung, die gleichzeitig die Grenzen der begrifflichen Bestimmung setzt. Das Wort „Glücksspiel" setzt sich aus den Elementen „Glück" und „Spiel" zusammen. „Glück" meint einen nicht steuerbaren Einfluss, der im Zusammenhang mit einem Spiel dessen Ausgang beeinflusst. Dies können Zufallsfaktoren sein, wie beim Würfeln oder dem Verteilen zuvor zufällig gemischter Karten. „Spiel" kann als ein nach Regeln ausgetragener Wettstreit*

14. Das mündliche Examen

definiert werden. ... Ein Glücksspiel ist nach seinem Wortlaut ein Spiel, bei dem Sieg oder Niederlage allein oder weitüberwiegend vom Zufall und nicht von den Fähigkeiten des Spielenden abhängig sind.

Die weiteren Auslegungsmethoden neben der wörtlichen Auslegung (systematische, historische, teleologische, verfassungs- und EU-rechtskonforme) könnten entsprechend angeschlossen und erläutert werden. Wie sehr auf die einzelnen Methoden einzugehen wäre, hängt vom jeweiligen Regelungszusammenhang ab. Wenn es nun im Folgenden darum geht, das Pokerspiel nach der Auslegung des Begriffs einzuordnen, kann für die Subsumtion ein deduktiver, ein induktiver oder ein analytischer Ansatz gewählt werden.

Letztlich werden unabhängig vom gewählten Ansatz dieselben Aspekte vermittelt. Es kommt nun darauf an, zu antizipieren, was der Fragende erwartet. Möchte er ein Navigieren auf unbekanntem Terrain, müsste fragend und fragmentiert vorgegangen werden. Oft soll der Prüfling zeigen, wie er agiert, wenn er „schwimmt", also nicht alles weiß, sondern sich Wertungen quasi in Echtzeit erschließt. Es mag Situationen geben, in denen das Vortäuschen eines Erschließens daher besser bewertet wird als das Präsentieren der Lösung.

Hier ein Beispiel für einen entsprechenden deduktiven Ansatz, orientiert am Zufallselement:

Beim Poker werden zuvor gemischte Karten an die Spieler ausgegeben. Dies verleiht dem Poker ein aleatorisches, also zufallsabhängiges Element. Allerdings trifft der Spieler nach Erhalt der Karten oder eines Teiles auf Basis der erhaltenen Karten Entscheidungen, die den weiteren Verlauf beeinflussen. Dies unterscheidet Poker vom Roulette, wo erst ohne weitere Informationen eine Entscheidung getroffen wird und dann der Zufall über Gewinn oder Verlust entscheidet. Beim Poker kann der Spieler ausgehend vom eigenen Blatt und der Reaktion der anderen Spieler, insbesondere deren Einsätzen, Gesetzmäßigkeiten der Wahrscheinlichkeitsrechnung für seine weiteren Entscheidungen einbeziehen. Auch eine Wahrnehmung psychologischer Aspekte bezogen auf das Verhalten der Mitspieler beeinflusst die Vorraussehbarkeit des Spielverlaufs für den Spieler. Kenntnisse über Wahrscheinlichkeiten von bestimmten Kartenkombinationen sind feststehend und entsprechende mathematische Gesetzmäßigkeiten können erlernt werden. Dies könnte einer weitüberwiegenden Bestimmung durch den Zufall entgegenstehen. ...

„Deduktiv" meint hier, dass vom vordergründigen Element des Zufalls hin zur Kontrollierbarkeit des Spiels argumentiert wird.

Ein Beispiel für einen induktiven Ansatz, orientiert am Zufallselement:

Beim Poker gewinnen nur bestimmte Kombinationen von Karten. Diese Kombinationen stehen in einem hierarchischen Verhältnis zueinander. Die Spieler setzen

> *darauf, das höchste Blatt am Tisch zu haben. Es werden während des Spieles weitere Karten an die Spieler vergeben. Der Spieler kann aus den ihm bekannten Karten und dem Verhalten der anderen Spieler Wahrscheinlichkeiten für die Verteilung der Karten, sei es bewusst oder unbewusst, ableiten. Dies gibt dem Spieler zwar nicht bei jedem Spiel die Kontrolle, aber bei einer größeren Anzahl von Spielen kann diese Vorhersehbarkeit von Wahrscheinlichkeiten das Zufallselement zurückdrängen. So gesehen fehlt es beim Poker an einem überwiegenden Zufallselement. ...*

„Induktiv" meint hier, dass vom Faktor der dem Poker innewohnenden Hierarchie der Blätter über die Wahrscheinlichkeitsverteilung letztlich zur Kontrollierbarkeit hin argumentiert wird.

Ein Beispiel für einen analytischen Ansatz:

> *„Die Einordnung des Pokerspiels als Glücksspiel ist umstritten. Während das aleatorische Element, also die Zufälligkeit der Verteilung der Karten nach dem Mischen, für ein Glücksspiel spricht, kann das Gewinnen und Verlieren über die Gesetzmäßigkeiten der Wahrscheinlichkeitsrechnung und psychologische Faktoren, z.B. durch ein „Lesen" der Mitspieler, beeinflusst werden. Erfolg im Poker kann daher auch auf erworbene Fähigkeiten zurückgeführt werden. Bei Personen, die ein entsprechendes Training durchlaufen oder ein mathematisches Verständnis haben, ist der Zufallsfaktor gewissermaßen kontrollierbar. Im steuerrechtlichen Kontext ist die Einordnung besonders entscheidend, da bei nicht als Glücksspiel eingeordneten Spielformen, Gewinne versteuert werden müssen. Es schließt sich an diese Frage der Streit an, ob Verluste verrechnet werden können.*

Das Analytische zeigt sich hier letztlich nur in der Einleitung und in dem Hinweis, dass es „umstritten" sei.

Welchen der hier gezeigten Ansätze jemand bevorzugt, sollte analysiert werden. Bewusster zu entscheiden, wie eine Antwort gegeben wird, ist ein Vorteil. Vielseitigkeit führt zu mehr Souveränität. Wer bemerkt, dass das Gegenüber einen bestimmten Antworttyp favorisiert, kann reagieren. Oft verraten Nachfragen der Prüfenden auch, welcher Argumentationstyp favorisiert wird. Dies gilt insbesondere für Nachfragen bezüglich der Antworten der anderen mitgeprüften Kandidaten.

Was können Sie zur besseren Vorbereitung tun?
Letztlich ist es natürlich eine sehr individuelle Angelegenheit, wie Prüflinge in der mündlichen Prüfung klarkommen und was dem Einzelnen nun konkret hilft.
Folgende Aspekte sollten in Übungen einmal berücksichtigt werden:
– Genaues Zuhören trainieren. Die Frage wirklich verstehen. „Schnell fertig ist die Jugend mit dem Wort, das schwer sich handhabt, wie des Messers

Schneide ...",[30] oft reagieren Prüflinge zu schnell. Nur Schlagworte zu liefern oder einfach ins Blaue hinein zu argumentieren, schwächt jede Antwort.
- Vor dem Antworten auf die konkrete Frage sich selbst fragen, ob die Frage eine Strategie des Fragenden verrät. Sollen Hintergründe vermittelt werden, wird nach Grundlagen gefragt oder soll schlicht ein Merkmal definiert werden?
- Kontakt mit den Fragenden aufnehmen und auch während der Prüfung behalten, z.B. durch Blickkontakt. Die Prüfung kann auch als ein Gespräch unter Gleichen aufgenommen werden. Es sollte daher vermieden werden, um jeden Preis zu gefallen. Es gibt ein Machtgefälle zwischen Prüfenden und Geprüften, dennoch möchten auch die Prüfenden, dass man ihnen auf Augenhöhe begegnet.
- Den eigenen Gedanken zu Ende denken, erst dann mit der Antwort beginnen. Die gewünschte Formulierung kurz im Inneren „hören", dann erst tatsächlich antworten. Und das vor allem nicht nur als Merksatz zur Kenntnis nehmen, sondern üben, üben, üben. Das Mantra „erst denken dann sprechen" zielt genau darauf. Es fällt leichter, wenn es eine Zeit lang tatsächlich trainiert wird. Anfangs mag das als schwerfällig empfunden werden, aber mit der Zeit werden die Antworten reflektierter und souveräner werden. Ab einem bestimmten Zeitpunkt muss dann nicht jedes Wort vorgedacht werden.
- Bei Zweifeln ruhig nachfragen. Auch ein souveränes Nachfragen zeugt von Kompetenz.
- Bei Wissensdefiziten einen analytischen Ansatz anbieten. Prüfende wissen, dass man nicht alles parat haben kann. Oft hinterlässt es einen guten oder sehr guten Eindruck, wenn trotz eines anfänglichen Defizits eine Lösung erarbeitet wird.
- Videoanalysen machen. Einfach einmal selbst sehen, wie das eigene Agieren und das der anderen wirkt. Lassen Sie sich nicht abschrecken, wenn Ihnen die eigene Stimme oder Erscheinung zunächst missfällt.

---

30 vgl. Friedrich Schiller „Schnell fertig ist die Jugend mit dem Wort, das schwer sich handhabt, wie des Messers Schneide, Aus ihrem heißen Kopfe nimmt sie keck der Dinge Maß, die nur sich selber richten. Gleich heißt ihr alles schändlich oder würdig, bös oder gut – und was die Einbildung phantastisch schleppt in diesen dunkeln Namen, das bürdet sie den Sachen auf und Wesen."

- Prüfungssituationen vertraut machen, um zu vermeiden, in einen überambitionierten Prüfungsmodus und auch einen gekünstelten Sprachmodus zu verfallen. Je nervöser jemand ist, desto mehr Übungssituationen mit Kommilitonen sollte sich derjenige aussetzen.
- Schauen Sie bei Prüfungen als Zuschauer zu, falls dies möglich ist. Dies gilt auch für simulierte Prüfungen. Wechseln Sie die Perspektive. Analysieren Sie Beiträge und bewerten Sie selbst die Kandidaten.

15. Umgang mit Feedback

Im Laufe des Studiums und auch des Referendariats werden Juristinnen und Juristen immer wieder bewertet. Klausuren und Hausarbeiten werden geschrieben, besprochen und Korrekturen zurückgegeben. Jeder, der sich einem Hochschulstudium verschreibt, ist verständlicherweise empfindlich, wenn es um die Einordnung der eigenen Fähigkeiten geht. Dazu kommt, dass viele den eigenen Ansprüchen hinterherlaufen. Der Durchschnitt in den Staatsexamina liegt bei etwa 6 Punkten und damit einem „Ausreichend". Niemand, der Jahre lang in Vorlesungen und über Büchern sitzt und dutzende Klausuren schreibt, ist zufrieden mit einer nur durchschnittlichen Leistung. Zwar erwirbt man mit einem Zweiten Staatsexamen die Befähigung zum Richteramt, in den Staatsdienst eingestellt werden aber in der Regel nur Kandidaten mit mindestens 9 Punkten. Nicht einmal bereits überdurchschnittliche 8 Punkte – also ein gutes Befriedigend – reichen mitunter aus. Topkanzleien favorisieren Kandidaten mit einer aufsummierten Note von insgesamt mindestens 18 Punkten. Das eigene Selbstvertrauen erodiert daher, wenn die Leistungen nicht im Top-Segment angesiedelt sind. Die Betroffenen werden dünnhäutig. Oft werden die Ursachen bei den Korrektoren oder Ausbildern gesucht oder das Ausbildungssystem als solches verantwortlich gemacht. Eine solche durchaus verständliche Reaktion birgt jedoch Gefahren.

Feedback, welches in Voten oder Randbemerkungen enthalten ist oder bei Besprechungen von z.B. Klausuren gegeben wird, ist nämlich eine wichtige Quelle für Optimierungsmöglichkeiten. Wer sich aufgrund gekränkter Eitelkeit dem Feedback verschließt, gerät in eine negative Spirale. Frustration mit dem Korrekturregime oder eine Abneigung gegen eine vermeintlich zu wenig praxisorientierte Arbeitsweise ist weit verbreitet. Solche Einstellungen sind nicht neu. Letztlich gilt es aber für jeden, eine solche Betrachtung der Ausbildung zu hinterfragen und statt „Systemkritik" zu üben, eine „Selbstoptimierung" anzustreben. Folgendes Reaktionsmodell tritt bei der Rückgabe von Klausuren oft auf. Die Korrekturinstanz wird angegriffen, um von den eigenen Defiziten abzulenken:

Haltung: Negativ / verschlossen
- *„Der ist zu pingelig."*
- *„So genau sind andere nicht."*
- *„Steht da doch!"*
- *„Dazu habe ich doch keine Zeit."*

Vielmehr kann es ein auf die Zukunft gerichteter, konstruktiver Ansatz sein, die Kritik aufzugreifen und zu reflektieren.

Haltung Positiv / offen
- *„Sollte man das tatsächlich genauer machen?"*
- *„Wer korrigiert diese Arbeiten? – Pingelige Menschen."*
- *„Steht das da wirklich oder deute ich es tatsächlich nur an?"*
- *„Kann ich mein Zeitmanagement optimieren?"*

Jeder wird ein individuelles Reaktionsmodell haben, welches den Umgang mit Feedback eben auch in Form negativer Kritik bestimmt. Fehler zu machen gehört zu jedem Entwicklungsprozess. So ist es eine klassische Weisheit, Fehler auszuwerten und zukünftig souveräner zu agieren. Dies kann besonders schwierig sein, wenn Defizite in Grundlagen betroffen sind. Niemand gesteht sich diese gern ein. Doch sind gerade diese häufig und verantwortlich für vieles, was an Leistungspotentialen nicht erschlossen werden kann.

Was kann nun geschehen, um konstruktiver mit Feedback umzugehen?

Erstens:

Optimistisch zu bleiben, ist essentiell. Nichts ist in Stein gemeißelt. Selbst Defizite im Bereich von Grundlagen können überwunden werden. Negative Einordnungen, wie sich selbst als nur durchschnittlich anzusehen, sind absolut tabu. Menschen haben Schwächen, man darf sich dafür nicht schämen oder diese tabuisieren. Wer sich den eigenen Defiziten stellt, kann diese managen und – wenn es gut läuft – Schwächen in Stärken verwandeln.

Zweitens:

Bewertungen durch andere auszuhalten lernen und diese anzunehmen, muss positiv besetzt werden. Es ist wichtig, die Impulse zur Verteidigung und zum Leugnen wahrzunehmen. Jeder kann erkennen, wenn er die Fehler bei anderen oder dem „Korrektursystem" sucht. Sich selbst auch Rückschläge verzeihen zu können, ist die Voraussetzung für eine Änderung entsprechender Automatismen. Niemand verliert das Rennen um das Prädikatsexamen oder die Chance auf beruflichen Erfolg, weil er mal eine Serie von Übungsklausuren mit Ausreichend schreibt oder durchfällt. Dies sollte stets eine Analyse der Ursachen anstoßen. Wie bereits thematisiert wurde, sollte man keinesfalls in die Rolle des „notorischen Misserfolgsmeiders" fliehen.

Drittens:

Wer das Feedback tatsächlich auswertet und Muster erkennt, kann besser vorgehen. Wenn bei Besprechungen darauf hingewiesen wird, dass viele nicht genau genug mit Anspruchsgrundlagen umgehen, dann hinterfragen Sie Ihren eigenen Umgang. Oft werden keine Randbemerkungen mehr gemacht bei Übungsklausuren, sondern allgemeine Hinweise gegeben. Was kritisiert wird, betrifft meist alle. Der Einzelne ist meist nicht die löbliche Ausnahme. Wer viele Klausuren korrigiert, sieht, dass immer wieder ähnliche Schwächen auftreten. Es gibt tatsächlich Massenphänomene, die meist mehr mit defizitärem Methodenwissen als mit zu niedriger Intelligenz zu tun haben. Auch brillante Menschen machen durchschnittliche Fehler.

Viertens:

Wer die Kritik bei Besprechungen nicht auf sich beziehen kann und vielmehr meint, die typischen Fehler hätten nur andere gemacht, kann jedenfalls an der Optimierung der Schwerpunktsetzung, der Begründungstiefe seiner Ausführungen oder der Klarheit der Sprache arbeiten. Ein Auswerten auch von guten Leistungen hat einen Wert. Was hätte geschehen müssen, damit aus 12 Punkten 16 Punkte werden, ist genauso essentiell zu verstehen, wie aus 4 Punkten 6 Punkte werden.

Fünftens:

Um die Motivation zu behalten, sollte neben den als nicht optimal bewerteten oder selbst gefundenen Aspekten auch geschaut werden, was bei einer nicht den Ansprüchen entsprechenden Leistung gut gelaufen ist. Wo waren Teile einer Arbeit gelungen? Was hat man sich vorgenommen in der Vergangenheit und was ist tatsächlich besser geworden? Diese Betrachtung stärkt das Vertrauen darin, dass die Auseinandersetzung mit Schwächen letztlich zu einer Verbesserung führt. Die Augen vor den eigenen Defiziten zu verschließen, ist hingegen fatal.

> **Wie gehen Sie besser mit Feedback um?**
> - Seien Sie nicht eingeschnappt, wenn jemand Sie kritisiert.
> - Werten Sie Feedback erst sachlich aus, wenn Sie emotional abgekühlt sind.
> - Schreiben Sie regelmäßig Passagen neu, die misslungen waren.
> - Fragen Sie nach konstruktivem Feedback. Was hätte geschehen müssen, um für diesen Aspekt ein Gut oder Sehr gut zu bekommen? Was fehlte?

16. Prokrastination

„Aufschieberitis" wird das Phänomen im Volksmund genannt, was wissenschaftlich als Prokrastination bekannt ist und ein verbreitetes Problem unter Studierenden darstellt. Es gibt liebevolle Beschreibungen. Mal ist es der „innere Schweinehund", den es zu überwinden gilt, man hat „keinen Bock" oder ein „Motivationstief" zieht heran. Die Wahrheit dürfte sein: Jeder prokrastiniert. Es kommt ganz auf die Dosis an.

Mögliche Strategien zur Handhabung einer Prokrastinationstendenz könnten sein:

Erstens:

Zuerst das Unangenehmste erledigen. Das kann dasjenige sein, was am meisten Frustration mit sich bringt. Vielleicht ist es der Stoff, der jemandem am schwersten fällt oder wo die größten Lücken bestehen. Möglicherweise ist aber auch die Beschäftigung mit Grundlagen ein Problem und könnte die Ursache für Prokrastination darstellen. Wer sich z.B. in einem fortgeschrittenen Semester noch einmal an den Allgemeinen Teil des Strafrechts setzt, wird zwangsläufig Wissenslücken bemerken. Der falsche Schluss daraus ist, seine eigenen Fähigkeiten nun generell in Frage zu stellen: „Wenn ich das schon nicht kann, wie soll ich dann ein Prädikatsexamen machen?" Vielmehr muss dann klar sein, dass die Notwendigkeit einer Revision und einer Aufstockung des Erlernten ganz normal ist. Wer sich einem mit dieser Erkenntnis mitunter unangenehmen, auch von einer gewissen Scham begleiteten Gefühl nicht stellt, läuft Gefahr, sich dem Problem durch Prokrastination zu entziehen. Man kann nicht weglaufen. „Put the dope on the table" sollte vielmehr das Motto sein. Wer etwas verdrängt, wird die Dinge nicht los. Das mag sehr simpel klingen, ist aber eine Erfahrung, die viele irgendwann machen.

Zweitens:

Pläne machen und Zeitfenster eröffnen. Es leuchtet ein, dass lernen nach einem Plan effektiv sein dürfte. Die ganze Strategie kann allerdings nur so gut sein, wie der Plan zur jeweiligen Person passt. Oft werden zu ehrgeizige und damit zu verdichtete Pläne gemacht, die schlicht nicht eingehalten werden können. Das führt dann zu Frustration und deshalb klagen viele, dass Planungen nichts nützten. Ein Plan sollte auch nicht nur aktuellen Stoff, sondern auch Wiederholungen und Pausen berücksichtigen. Schließlich sollte wie bei gutem Projektmanagement ein PDCA-Zirkel angewendet werden. Die Buchstaben stehen für „Plan Do Check Act."

Erst einen Plan machen, damit beginnen, prüfen, ob ein planmäßiger Fortschritt stattfindet, entsprechende Anpassungen des Plans vornehmen.

Dies kann auch mit Lernplänen geschehen. Wenn man feststellt, dass der Stoff in der geplanten Zeit nicht zu schaffen ist, dann für die nächste Woche umplanen. Stetige Anpassungen führen schließlich zu individuell passenden Lernplänen, mehr Motivation, Spaß und damit mittelbar auch zu weniger Prokrastination.

Drittens:

Gemeinsam mit anderen zu lernen führt zu mehr Struktur. Es sollten Aufgaben untereinander vergeben und die Themenbereiche erschlossen werden. So sollten Urteile oder Aufsatzinhalte in Kurzvorträgen vermittelt werden. Im Referendariat sollten auch regelmäßig Aktenvorträge gehalten werden. Wichtig dürfte zudem sein, dass die Teilnehmer nicht mittels der Gruppe prokrastinieren (z.B. durch das Verlagern schwieriger Inhalte auf andere) oder sich den schwierigen Themen nicht stellen. Letztlich muss jeder den Stoff für sich verinnerlichen. Nur wenn alle an einem Strang ziehen und die Disziplin auf einem gleichen Niveau halten, sind Lerngruppen effektiv. Es sollten Wissenslücken und Verständnisprobleme angesprochen und auch „gebeichtet" werden.

Viertens:

Repetitorien – seien es externe oder universitätseigene – können der Prokrastination vorbeugen, denn der Stoff wird aufbereitet und dann durchgezogen. Repetitorien können aber auch die Prokrastination befördern, wenn stets auf die Behandlung des Stoffes im Repetitorium gewartet wird. Dann ist es oft eine Ausrede, sich die wichtigen Fragestellungen nicht selbst vorzunehmen und den steinigen Weg der Aufsatz- und Lehrbuchlektüre zu gehen.

Fünftens:

Sollten die Prokrastinationstendenzen zu groß werden, sollte sich niemand scheuen, auch psychologische Betreuung in Anspruch zu nehmen. Das Thema ist bekannt und es gibt auch an den Universitäten Beratungsstellen, um damit umzugehen.

17. Das richtige Mindset

Was bedeutet „Mindset" in diesem Zusammenhang? Gemeint ist etwas, das Faktoren wie Selbsteinschätzung, Einstellung zum Leben und die eigenen Persönlichkeitsmerkmale betrifft. Um das eigene Mindset zu verstehen und zu verändern, bedarf es Methoden der Persönlichkeitsentwicklung. Dafür können hier keine Instruktionen gegeben werden. Wohl aber sollte sich jeder Fragen stellen und sich mit sich selbst beschäftigen, denn jeder ist individuell und wird von eigenen Erfahrungen geprägt. Dies können Erfolge in der Vergangenheit, aber auch Verletzungen sein, die reflektiert oder unerkannt Einfluss auf uns nehmen.

Bin ich ein Prädikatsjurist oder eine Prädikatsjuristin, deren Überdurchschnittlichkeit nur noch im Examen nachgewiesen werden muss? Bin ich dieser Typ, der sich mit abstrakten Fragen schon immer spielend beschäftigte? Könnte ich ein Philosophiestudium parallel absolvieren? Sind meine Ausführungen stets auf den Punkt, so dass selbst Fachleute zustimmend nicken?

Oder aber sehe ich mich mehr als vielseitig aufgestellt? Geht es mir um praktische und gerechte Lösungen im wirklichen Leben? Ist der so oft beschriebene Elfenbeinturm Fluch oder Segen? Müssen die Dinge handhabbar sein? Befremdet mich eigentlich zu viel Theorie? Frage ich mich, ob es nicht eigentlich eine Katastrophe ist, dass nur Juristen das Recht verstehen? Habe ich den Grad der Abstraktheit im Studium unterschätzt?

Gehöre ich zu den Besten, war ich im Mittelfeld zufrieden oder reichte es mir bisher zu bestehen? Bin ich belastbar, perfektionistisch oder mehr praktisch veranlagt? Ist meine Stärke die Kommunikation mit Menschen? Ist mir die soziale Gruppe wichtig oder allein mein Fortkommen? Habe ich eine politische Agenda? Engagiere ich mich leidenschaftlich politisch oder für Privates? War ich gut in der Schule? Mochte ich zur Schule gehen? Spornt es mich an, bewertet zu werden oder macht es mir Angst? Bin ich im theoretischen Bereich bisher eher durchschnittlich gewesen, gleiche dies aber durch Engagement und Leidenschaft aus? Habe ich einen unerbittlichen Willen oder resigniere ich, wenn Dinge nicht so laufen, wie ich es mir vorstelle? Habe ich Angst, zu versagen? Gestehe ich mir diese Angst ein? Glaube ich, dass andere keine solche Ängste haben?

Zunächst gilt es, frühzeitig mögliche Selbstlimitierungen zu erkennen und zu beseitigen. Grundsätzlich werden die Karten am Beginn eines Studiums neu gemischt. Dies gilt insbesondere für Jura. Kein Schulstoff bereitet darauf vor. Lediglich, wer es gelernt hat, strukturierter und selbständiger zu arbeiten als der Durchschnitt, mag Vorteile haben.

Niemand ist per se nur ein Kandidat für maximal ein unteres Befriedigend. Eine solche Einschätzung wird jeder zunächst weit von sich weisen und stattdessen sagen: „Natürlich nicht, auch ich habe eine Chance." Wer aber nach den kleinen und großen Scheinen nicht einen Schnitt von 10 Punkten hat, sondern von 4, 6 oder 8 und kein Einser-Abi im Rücken, wird an seinen Entwicklungsmöglichkeiten und seinem Potential zweifeln. So oder so muss etwas verändert werden, wenn das Examen eine in den Einzelleistungen oder den Scheinen bisher noch nicht erreichte Qualität bekommen soll. Die Komfortzone muss verlassen werden. Das betrifft letztlich fast jeden. Ein Faktor ist außerdem, dass die tatsächliche juristische Praxis, das Leben außerhalb der Universität, von anderen Regeln geprägt wird. Die Examensnoten sind dabei nur ein Faktor unter vielen. Wer Prädikatsexamina gezielt anstrebt und nicht nur so gut wie möglich schreiben will, ist unter Juristen einsam. Es wird viel von Berufsträgern besonders aus der Anwaltschaft suggeriert, dass es auch so geht und zu gute Noten nur weltfremd machen. Zutreffend ist, dass Erfolg, insbesondere als Selbständiger, nicht allzu sehr, wenn überhaupt, von Examensnoten beeinflusst wird. Das ist aber so lange irrelevant, wie der Wettbewerb eben nicht der Beruf, sondern die Examina sind. Das Herz an der richtigen Stelle haben, in der Praxis taugliche Lösungen finden und mit Menschen gut kommunizieren zu können, sind eben keine Bewertungskriterien für Examensleistungen.

Die Komfortzone zu verlassen bedeutet insbesondere Selbsteinschätzungen, seien Sie zu positiv als auch zu negativ, zu hinterfragen und alte Lasten abzuwerfen. Gefährliche Klischees sind solche, die limitieren. Dazu gehört es z.B. zu glauben, in schriftlichen Arbeiten generell nicht so stark zu sein, aber alles im Mündlichen ausgleichen zu können. Genauso ist es eine gefährliche Einschätzung, strukturell generell nicht so stark zu sein, aber gut argumentieren zu können. Diese Einschätzungen beruhen auf vermeintlich objektiven Beobachtungen eigener Fähigkeiten. Eine belastbare Grundlage dafür, wie die Staatsexamina anzugehen sind und welche Vorbereitung für Prädikatsexamina erforderlich sind, sind sie nicht.

Eine weitere Rolle spielt die Lebenserfahrung des Einzelnen. Die meisten beginnen ihr Studium direkt nach dem Abitur. Manche sind wegen der verkürzten Schulzeiten nicht einmal volljährig, wenn sie das erste Mal in einer Vorlesung sitzen. Dies bedeutet nicht unbedingt einen Nachteil, dennoch hat es Auswirkungen darauf, wie etwas rezipiert wird.

Vielleicht muss der eine oder andere für die Zeit der Examina etwas „nerdiger" werden und diese oft so ungeliebte Detailgenauigkeit und Strukturliebe für sich entdecken. Es gilt, in diese Welt des Abstrakten einzutauchen, die Gewissheit zu haben, alles verstehen und reproduzieren zu können. Vorlieben für Rechtsgebiete müssen über Bord geworfen, Strategien hinterfragt und Methoden ausprobiert werden. Kleine Fortschritte gilt es zu erkennen: herauszufinden, weshalb eine Klausur mit 7 und nicht mit 5 Punkten bewertet wurde. Was war gut? Die Sprache, die Struktur, waren die Subsumtionen souveräner? Oder war die Korrektur schlicht wohlwollender?

Wo liegen die eigenen Schwächen? Diese müssen nicht verdrängt, umgangen oder schöngeredet werden. Sie können neue Potentiale schaffen und Motivation zulassen.

Wie entwickeln Sie das richtige Mindset für Topexamina?
- Limitieren Sie sich niemals selbst. Es gibt keinen Typus für besondere Leistungen. Nichts ist in Stein gemeißelt.
- Erfolge kommen in kleinen Schritten. Verlieren Sie das niemals aus den Augen. Glauben Sie den Lehrenden, wenn diese Ihnen Hinweise geben.
- Sehen Sie das eigene Potential und entwickeln Sie es. Haben Sie unbedingt Geduld. Der Aufbau von Fähigkeiten kommt nicht über Nacht. Es ist mühsam. Die Volksweisheit, dass noch kein Meister vom Himmel gefallen ist, gilt auch im akademischen Sektor.

18. Die Gauß'sche Normalverteilung zeigt den Weg zum Prädikat

Die Gauß'sche Normalverteilung wird in der Regel in Form einer Grafik vermittelt. Der Mathematiker Johann Carl Friedrich Gauß (*30.4.1777 +28.2.1855) war ein Genie und fand, vereinfacht gesagt, heraus, dass in der Natur und damit auch bei so etwas wie Leistungen in einem Staatsexamen die meisten Kandidaten durchschnittlich sind. Es gibt daher in der grafischen Darstellung quasi einen „Berg". Links von diesem „Berg", hin zu den Unterdurchschnittlichen, wie nach rechts, zu den Überdurchschnittlichen, flacht die Kurve gleichermaßen ab. Danach gibt es genauso Wenige ganz schlechte wie sehr gute. Die Verteilung gilt natürlich auch für andere von der Natur selbst hervorgebrachte Aspekte wie z.B. Körpergrößen. Obwohl das Phänomen der Normalverteilung als solches als gesichert gilt, gibt es immer Diskussionen darüber, ob geistige Leistungen mit dieser statistischen Betrachtung nicht auch verzerrt werden könnten. Letztlich ist es müßig, die Erkenntnis als solche in Frage zu stellen, dass es durchschnittliche und überdurchschnittliche Benotungen gibt. Wer überdurchschnittliche Leistungen erbringen möchte, sollte sich nicht auf mögliche Verzerrungen kaprizieren. Wäre eine Aufgabenstellung zu einfach, so dass alle Kandidaten alle Aufgaben richtig lösen, wird es an einer Normalverteilung fehlen. Damit wird jedoch in Staatsexamensprüfungen nicht zu rechnen sein. Eine Orientierung an Gauß und seiner Normalverteilung ermöglicht es daher, sich durch entsprechende Vorbereitung auf der Kurve weiter rechts zu platzieren. Das allein soll hier maßgebend sein.

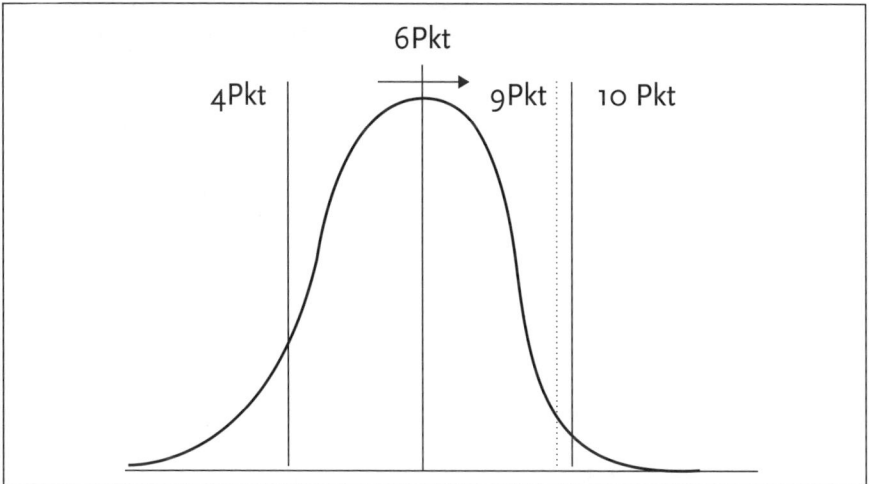

Der Durchschnitt in juristischen Prüfungen liegt bei etwa 6 Punkten. Alles darüber ist überdurchschnittlich. Der Bereich ab 9 Punkten (Vollbefriedigend in der Mischung verschiedener Ergebnisse) und 10 Punkten (für eine Einzelleistung) liegt schon ziemlich weit rechts auf der Kurve. Also schon in der „Ebene der Überdurchschnittlichkeit".

Es ist davon auszugehen, dass die Kandidatinnen und Kandidaten letztlich ihr intellektuelles Potential nicht ausschöpfen und sich auf dieser Basis die konkrete Notenverteilung ergibt. Das bedeutet für die größte Gruppe (also alle auf dem Berg und links davon), dass allein durch eine strukturiertere Vorbereitung und eine stringente Anwendung von Methodenwissen eine signifikante Verbesserung für alle Prüflinge möglich sein dürfte. Das Prädikat ist damit prinzipiell für jeden machbar. Dies wird auch so lange ohne Verletzung der von Gauß gefundenen Normalverteilung so bleiben, so lange nicht alle ihre Prüfungsperformance in gleicher Weise optimieren. Das dürfte jedoch kaum passieren.

Würde man für alle in diesem Buch genannten Qualitätskriterien eine jeweils eigene Normalverteilung messen, wäre klar, wie viel Potential tatsächlich vorhanden ist. So ist zwar eine Durchschnittsnote von 11 Punkten in allen Klausuren sehr gut, ohne allerdings ein *Sehr gut* zu sein. Auch Klausuren im Bereich von 10 und mehr Punkten unterfallen einer Normalverteilung und müssen damit auch noch Defizite aufweisen.

In vielen Sportarten hat der Einzug wissenschaftlich fundierter Trainingsmethodik zu massiven Leistungssteigerungen geführt. Wenn natürlich alle Athleten Zugang zu den gleichen Neuerungen bekommen, dann werden sich Einzelne nicht alleine aufgrund der angepassten Trainingsmethoden absetzen können.

Im juristischen Studium wie auch in vielen anderen Studiengängen haben sich die didaktischen Prinzipien nicht so sehr verändert. Sehr wohl haben sich die Möglichkeiten, z.B. durch die Digitalisierung, verändert. Eines ist aber letztlich gleich geblieben: Die Studierenden müssen sich selbst organisieren, selbst prüfungsfähig machen und damit selbst strukturiert lernen. Das war schon immer eine Herausforderung, mit der sich viele schwer tun. Reaktion darauf waren die Einführung begleitender Arbeitsgemeinschaften und – noch viel länger – die Dienste von Repetitoren. Wirkliche Durchbrüche gab es jedoch nicht. Das heißt nicht, dass es nicht punktuell gute Ausbildungsstrategien bei Hochschulen, Repetitorien oder Studierenden gegeben hätte. Es ist aber nichts entwickelt worden, das die Staatsexamina zu einem „Spaziergang" machen würde.

Damit ist klar, dass die meisten eben nur über eine durchschnittliche Fähigkeit zum Aufbau der für das Schreiben von Klausuren notwendigen Fähigkeiten verfügen. Die meisten investieren ihre Zeit und Energie nur in Teile der Qualitätsmerkmale wie reines Wissen oder Aufbauschemata, nicht jedoch in weitere Aspekte. Sich einmal Gedanken dazu zu machen, dass die Selbstorganisation und der Aufbau in diesem Buch beschriebener Soft-Skills über die ganze Ausbildung elementar sind, führt zwangsläufig zu einer Erkenntnis: Zu jedem Zeitpunkt (und je früher desto besser) sollte in Methodenwissen und strukturierte

Herangehensweisen investiert werden. Nur so rückt eine Platzierung in der Gauß'schen Ebene der Überdurchschnittlichkeit näher und näher und ist letztlich machbar.

> **Wie machen Sie sich das Wissen über die Gauß'sche Normalverteilung zunutze?**
> – Verfeinerung der eigenen Methoden bei der Fallbearbeitung macht den Unterschied, nicht jedoch das pure Wissen. Es lernen nämlich die meisten viel und sind fleißig, schließen dennoch nur durchschnittlich ab.
> – Finden Sie immer heraus, wenn Sie durchschnittliche Klausuren schreiben, woran es lag. Arbeiten Sie dann die Details nach. Verbessern Sie auch die Struktur Ihrer Arbeiten.
> – Arbeiten Sie sich nicht an einer Kritik am Ausbildungssystem ab, fangen Sie immer bei sich an.

19. Soziale Herkunft

Die soziale Herkunft ist ein Faktor, der sicherlich auch in der juristischen Ausbildung einen Einfluss hat. Welcher Einfluss besteht und ob sich Handicaps oder Vorteile für Einzelne daraus ergeben, ist für die Frage der optimalen Präparation für die Examina jedoch nicht relevant. Niemand kann seine soziale Herkunft ändern. Wenn die Reaktion der Politik wäre, nun die Anforderungen an die Examina abzusenken, wäre dies bestimmt der falsche Weg, würde dies doch die Qualität des Rechtsstaates erodieren lassen. Vielmehr gilt es, eigene Handicaps zu erkennen und dadurch entstandene Lücken zu schließen.

Oft wird mit der sozialen Herkunft die Fähigkeit des Umgangs mit Sprache verbunden. Ein souveräner Umgang mit Sprache muss letztlich jedoch von jedem Studierenden als Baustelle erkannt werden. Wer es bis ins Jurastudium geschafft hat, wird sprachliche Defizite effektiv angehen können.

Viel gefährlicher ist es, wenn die soziale Herkunft die Selbsteinschätzung negativ beeinflusst oder vielleicht sogar unbewusst eine Agenda setzt. Dies kann und wird die Qualität der Examensvorbereitung und damit die für das Examen relevanten juristischen Fähigkeiten beeinflussen. Dies gilt allerdings sowohl für Studierende aus der Unterschicht als auch aus der Mittel- oder Oberschicht. Sehr früh in der juristischen Ausbildung müssen Klischees, die mit Juristerei verbunden sind, von jedem Einzelnen unabhängig von der sozialen Herkunft überwunden werden.

Folgende Fragen können eine entsprechende Einschätzung geben:

- *Bedeutet Jurist oder Juristin zu sein für mich, auf der Seite der Gerechtigkeit zu stehen? Werde ich mich für Unterdrückte einsetzen?*
- *Werde ich, wenn ich Studium und Referendariat absolviert habe, die Menschen, die ich um mich herum in der Familie, in der Nachbarschaft, in der Gesellschaft sehe, beraten können?*
- *Bin ich als Juristin oder Jurist mächtiger als andere, als meine Eltern, meine Lehrer? Werde ich Teil des Machtapparates sein können? Lerne ich Herrschaftswissen?*
- *Werde ich das Recht biegen lernen, eröffnen sich mir Abkürzungen? Erfahre ich die Tricks der Erfolgreichen? Lerne ich, wie unsere Gesellschaft funktioniert oder wie man reich wird?*
- *Werde ich das Recht gestalten können? Werde ich aufräumen können mit der Umständlichkeit des Rechts? Kann ich den Schwachen helfen?*

Je nachdem, wie man diese Fragen für sich beantwortet, werden – wahrscheinlich unabhängig von der eigenen sozialen Herkunft – unbewusst bestimmte Schwerpunkte beim Umgang mit dem juristischen Stoff gesetzt. Die soziale Herkunft mag die Beantwortung der Fragen beeinflussen. Die Antworten auf die Fragen enthüllen vielleicht eine geheime Agenda. Man kann sicher noch weitere solche Motivationslagen entdecken. Wichtig ist, dass jede Agenda und vor allem, wenn sie durch die eigene Herkunft hervorgerufen wird, mit einer fundierten Examensvorbereitung kollidieren kann.

Eine mit Sicherheit für die Qualität der Staatsexamina förderliche Antwort auf alle diese Frage könnte lauten:

Mich interessiert, wie das Recht strukturell funktioniert, wie Rechtsquellen entstehen, wie mit Recht auf wissenschaftlicher Ebene umgegangen und strukturell auf Lebenssachverhalte angewendet wird. Ich möchte lernen, wissenschaftlich zu arbeiten und kleinteilige, möglichst objektive Wertungen herauszuarbeiten, unterschiedliche Auffassungen unvoreingenommen zu betrachten und gegeneinander abzugrenzen. Ich möchte fremde Argumentationen analysieren und auf ihnen aufbauend eigene Argumente entwickeln und diese in einer Fachsprache in schriftlichen Arbeiten mit Quellenangaben ausdrücken. Wenn ich einen Sachverhalt bekomme, möchte ich schrittweise, ohne vorher eine Einschätzung zu haben, Merkmale auf Basis einer Struktur abklopfen. Mich interessiert zunächst nicht ein Ergebnis, ich möchte mich immun gegen oberflächliche Betrachtungen machen. Es gibt kein Rechtsgebiet, das ich favorisiere. Neue Gesetze verstehe ich auch als politische Konstrukte, die es rechtswissenschaftlich einzuordnen und nicht als perfekt anzusehen gilt. Die Rechtswissenschaft möchte ich nicht als Instrument, sondern als Methode verstehen. Ich nehme einen Positivismus und damit ein an Normen orientiertes Rechtsverständnis zunächst in Kauf und stelle die philosophische Frage nach der Gerechtigkeit zurück. Dies gilt auch für meine möglicherweise bestehende private Agenda. Rabulistik und Sophistik interessieren mich nicht. Was ich mit den Ausbildungsinhalten machen kann, werde ich erst nach der Ausbildung genauer betrachten. Ich möchte etwas studieren, wo ich nie aufhöre zu lernen.

Womöglich wird kaum jemand eine solche Antwort auf die Frage nach der Motivation zu einem Studium der Rechtswissenschaft geben. Worin besteht nun der Zusammenhang zur sozialen Herkunft?

Die Antwort oben könnte, wenn sie denn Jura studieren würde, von Hermine Granger aus den „Harry Potter"-Romanen stammen. Das Profil, das sich aus der Antwort ergibt, mutet wie das eines Strebers oder Nerds an, weniger wie das eines Juristen oder einer Juristin. Weshalb ist das so?

Es zeigt, dass die Tugenden, die oft mit dem Mittelstand in Verbindung gebracht werden wie Objektivität, Fleiß, Neugier, Unvoreingenommenheit, Methodik, aber auch Verspieltheit und damit die Abkopplung von Fähigkeit und unmittelbarem Nutzen, elementar für das rechtswissenschaftliche Arbeiten sind. Wessen soziale Herkunft eine andere als die beschriebene Motivation und Einstellung hat entstehen lassen, wird dies sofort erkennen. Dies kann sicherlich mit einem inneren Widerstand einhergehen und auch zu negativen Emotionen gegenüber der hier vertretenen Erkenntnis führen. Doch auch, wer nicht aus dem Mittelstand im

Sinne der Tugenden der Hermine-Granger-Figur stammt, kann sich diese Einstellungen zu eigen machen. Das gilt genauso für den klischeehaften Oberschichten-Schnösel, der sein Überlegenheitsgefühl (im Gegensatz zu Draco Malfoy aus „Harry Potter") überwinden und die Juristerei als Wissenschaft und nicht als Herrschaftsinstrument verstehen kann.

Um es noch einmal klar zu sagen: Hier geht es nicht um Hürden, die im Berufsleben von Juristinnen und Juristen mit der sozialen Herkunft einhergehen. Diese sollen hier nicht in Frage gestellt oder relativiert werden. Die oben skizzierten Motivationslagen können viel Idealismus und Engagement freisetzen. Hier geht es allein darum, dass das Verständnis für das, was ein rechtswissenschaftliches Studium ausmacht und was vermittelt werden soll, soziale Unterschiede nivellieren kann. Handicaps relativieren sich. Viele, die optimale soziale Rahmenbedingungen haben, weil sie selbst aus Juristen- oder sonstigen Akademikerfamilien kommen, wissen das oft besser und vor allem früher als Menschen, die aus der Unterschicht stammen.

Was hier beschrieben wird, wird jedem ab der ersten Vorlesung im Studium erläutert und zieht sich durch die gesamte juristische Ausbildung. Wie examensrelevant es ist und welchen Einfluss es auf die Qualität der Examina hat, dafür kann man je nach sozialer Herkunft ein offeneres Ohr haben.

Wer sich zu viel fragt, wofür das Jurastudium nun dienen soll und wofür die Beschäftigung mit den Inhalten einmal gut sein kann, setzt sich der Gefahr aus, das für das Examen Wesentliche aus den Augen zu verlieren.

> **Wie gehe ich mit Faktoren meiner sozialen Herkunft um?**
> - Die Schulen und Universitäten sind darauf ausgerichtet, Wissen unabhängig von sozialen Faktoren zu vermitteln. Selbst Studierende aus Juristenfamilien haben es oft schwer. Nehmen Sie alle Angebote der Hochschulen an. Man möchte, dass Sie es schaffen!
> - Beschäftigen Sie sich mit Methodenwissen und Sprache. Seien Sie nicht zu verbissen. Jura ist für jeden ein Abenteuer. Genießen Sie es!
> - Glauben Sie unbedingt an sich! Rückschläge gehören dazu, egal welche Herkunft Sie haben. Hören Sie nur auf positive Stimmen aus ihrem sozialen Umfeld. Hören Sie nicht auf Menschen, die Ihnen die Qualifikation madig machen oder ihr Potential relativieren wollen.

20. Freischuss und Verbesserungsversuch

Der Freischuss wurde Anfang der 90er Jahre eingeführt. Damals wurden im Wesentlichen zwei Gründe angeführt.

Zum einen sollte der massenhaften Überschreitung der Regelstudienzeiten entgegengetreten und zum anderen den Studierenden die Angst vor dem Durchfallen genommen werden. Tatsächlich war es so, dass viele sich erst nach zehn bis zwölf oder noch mehr Semestern zum Examen anmeldeten. Viele davon waren schon länger „scheinfrei" und prokrastinierten ihr Examen von Semester zu Semester. Die Ergebnisse wurden jedoch aufgrund des längeren Wartens nicht etwa besser. Vielmehr wurde kritisiert, dass Fähigkeit und Wissen eher erodieren, wenn nicht zügig ins Examen gegangen würde. So kam es zur Einführung des Freischusses. Das bedeutet, dass für einen Freiversuch nach Abschluss des achten, in manchen Bundesländern auch des neunten, Semesters die Anmeldung zum Examen erfolgen muss. Fällt der Kandidat durch, kann erneut geschrieben werden, ohne dass der erste Versuch als durchgefallen gilt. Dazu kommen Regelungen zu einem Verbesserungsversuch, die oft an den Freischuss anknüpfen. Für das Zweite Staatsexamen entfällt der Freischuss. Es gibt aber auch Regelungen zu Verbesserungsversuchen für das Zweite Staatsexamen. Es wird dafür meist eine Gebühr erhoben.

Über die Auswirkungen der Einführung des Freischusses wird es Erhebungen geben. Sicherlich wird dazu gehören, dass die Mehrzahl der Studierenden davon ausgeht, dass vier Jahre ausreichend wären, um examensreif zu sein. Auch der Anreiz, es doch schon einmal zu versuchen, wird gestiegen sein.

Eine allgemein passende Antwort auf die Frage, ob ein Freischuss ein überdurchschnittliches Abschneiden begünstigt oder dem entgegensteht, dürfte es nicht geben. Die Statistiken weisen keine signifikanten Häufungen auf. Aus den Statistiken lässt sich allerdings auch nicht ablesen, wie die Kandidaten sich jeweils vorbereitet haben.

Menschen sind keine Maschinen. Ein Hochschulstudium ist auch immer eine Suche oder eine Reise durch „terra incognita" – unentdecktes Land. Jeder braucht eine Phase der Orientierung, um sich aufzustellen. Es gilt, vergleichsweise unerfahren viel Stoff zu rezipieren. Parallel muss erlernt werden, wie das Wissen angewendet wird. Nicht allein die Anwendung ist dabei eine Herausforderung, sondern auch Zeitdruck und formale Vorgaben. Allein den Gutachtenstil sicher zu beherrschen, stellt eine Aufgabe dar, an der viele scheitern. Dies gilt selbst dann, wenn sie dennoch Klausuren bestehen. Denn zwischen dem bloßen Beherrschen und dem souveränen Umgang gibt es viele Nuancen. Souveräner Umgang ist jedoch die Voraussetzung für überdurchschnittliche Leistungen.

Die Universitäten haben auf diese Bündelung von Anforderungen reagiert und begleiten die Studierenden mittels Arbeitsgemeinschaften und universitätseigene Repetitorien. Es gibt Übungsexamina, Klausurenkurse und simulierte mündliche Prüfungen. Eine individuell angepasste Regelstudienzeit gibt es hingegen nicht.

Nicht berücksichtigt wird, dass nicht alle Studierenden mit den gleichen sprachlichen, logischen und strukturellen Fähigkeiten ausgestattet sind. Auch sind nicht alle im Lerntempo zu Beginn gleich schnell. Die Kernvorlesungen enthalten meist nichts Überflüssiges. Die Mindermeinung zu einem Streit im Strafrecht und die ausgetauschten Argumente dazu sind im Zweifel examensrelevant. Examensrelevant ist ebenfalls, sofort erkennen zu können, wann der Streit überhaupt zu thematisieren ist. Manch ein Studierender wird Streitstände zunächst für einen Spleen seines Dozierenden halten. Vieles erscheint selbst gestandenen Juristinnen und Juristen oft wie eine Orchideenwissenschaft. Die Schule und auch die sonstige Lebenserfahrung sprechen dafür, dass nicht alles so heiß gegessen wird, wie es gekocht wird. Immerhin darf man in vielen Bundesländern Kommentare benutzen. Eine alte Praktikerweisheit sagt doch: „Man muss nicht alles wissen, sondern nur wissen, wo es steht." Da können schon einmal zwei Semester vergehen, bevor sich so manche Erkenntnis setzt. Immerhin sind die Vorlesungen nicht standardisiert. Jeder Lehrende bereitet sein Gebiet individuell auf. Strenggenommen geht es dabei um eine Gesamtbetrachtung der Aspekte eines Rechtsgebietes und nicht eine Anleitung zum Schreiben überdurchschnittlicher Examensklausuren. Erst wenn die ersten Klausuren geschrieben wurden, wird erkennbar, worum es wirklich geht. Darum ist es wahrscheinlich, dass nach acht Semestern der Stoff und das Methodenwissen nicht in der Weise ausgereift sind, dass ein überdurchschnittliches Examen für die meisten erreichbar wäre.

Eine Betrachtung folgender Faktoren kann wichtige Indizien dafür liefern, ob der Freischuss eine realistische Chance auf ein Prädikatsexamen bietet:

- *Ist eine stetige Beschäftigung mit dem jeweiligen Vorlesungsstoff und eine entsprechende Nacharbeit erfolgt? Wurde von Anfang an das Methodenwissen aufgebaut sowie wie rechtsmethodischen Fähigkeiten trainiert?*
- *Wurden die Semesterferien durchgehend zur Wiederholung und Vertiefung genutzt? Wurde während des jeweiligen Semesters eigenständig auch an den Bereichen gearbeitet, in denen kein Schein zu schreiben war?*
- *Wie viele der angebotenen Klausuren in den Pflichtbereichen wurden mitgeschrieben? Wurden die Resultate nachgearbeitet? Waren die Ergebnisse im Schnitt über 7 Punkte? Waren die Themenbereiche vorab bekannt, fand eine gezielte Vorbereitung darauf statt? Wenn ja, lagen die Ergebnisse über 10 Punkten? Wurden die Hausarbeiten selbständig, ohne Hilfe, mit einem Ergebnis von 7 und mehr Punkten geschrieben? Wie viele Leistungen wurden mit 4 und weniger Punkten bewertet? Wie viele Übungsklausuren wurden bereits geschrieben? Wie viele Klausuren wurden mit einem Ergebnis von mehr als 10 oder mehr als 14 Punkten geschrieben?*

- *Weitere weiche Faktoren können Einfluss nehmen: Gibt es Volljuristen in der Familie, die den Fortschritt von Anfang an betreut haben? Wie ist das Sprachniveau und der Leistungsethos? Musste ein Nebenjob gemacht werden, so dass die Lernzeiten reduziert waren?*

Es dürfte nur wenige Studierende geben, die ihr Studium vollkommen stringent, fleißig und erfolgreich von Anfang an betreiben können. Das ist auch nicht dramatisch. Es geht bei einer solchen Betrachtung nur um den „status quo". Es gibt einige wenige „Jura-Nerds", die ein adaptives Verständnis für die nötige Abstraktion, ein schnelles Textverständnis und ein Talent für die sprachliche Abfassung von Klausuren haben. Dieser Typus verfügt über ein sehr gutes Judiz und viel Detailwissen. Das ist aber eine verschwindend geringe Zahl und oftmals sind es die oben genannten Faktoren, die dies tatsächlich begünstigen. Dies darf niemanden davon abhalten, seinen Weg zu verfolgen.

Die Entscheidung, ob ein Freischuss geschrieben werden soll oder nicht, sollte individuell getroffen werden. Es kann auch nach nur acht Semestern ein ordentliches Ergebnis erzielt und sogar ein Prädikatsexamen geschrieben werden. Schnelligkeit im Studium kann ebenfalls ein Faktor sein. Wenn es aber darum geht, die Wahrscheinlichkeit für ein Prädikatsexamen zu erhöhen, dann kommt es auf den individuellen Grad der abrufbaren Fähigkeiten an. Oftmals dürfte dabei Zeit ein wesentlicher Faktor sein. Wer sein Wissen noch sechs bis acht Monate verdichtet und Klausurpraxis aufbaut, dürfte in der Regel besser gewappnet sein.

Die Möglichkeit des Verbesserungsversuchs gibt es auch noch. Zu bedenken ist dabei, dass ein Examen die Grenzen der eigenen Fähigkeiten aufzeigt. Die Bewertung versetzt dem Selbstbewusstsein manchmal einen Dämpfer. Jeder möchte eigentlich überdurchschnittlich sein. Ein Schnitt von z.B. 5 Punkten stellt jedes Selbstbild in Frage. Den Freischuss als Trainingswettbewerb zu sehen und das ernüchternde Ergebnis hinter sich zu lassen, um sich neu aufzustellen, kostet einen jungen Menschen sehr viel Kraft. Selbstzweifel können eine optimale Auswertung des Freischusses und Vorbereitung auf den Verbesserungsversuch massiv stören.

Wichtig ist in diesem Zusammenhang, dass weder der Freischuss noch der Verbesserungsversuch als Regelungen primär dazu dienen sollen, dass mehr Absolventen weit überdurchschnittliche Examina schreiben.

Wie können Sie mit der Möglichkeit des Freischusses und Verbesserungsversuchen umgehen?
- Werten Sie aus, wo Sie stehen. Seien Sie realistisch. Der Freischuss ist eine Chance, mit weniger Angst zu schreiben. Sie können aber auch noch nicht ihre wahre Form erreicht haben, wenn Sie schreiben, ohne ausreichend präpariert zu sein.

- Starten Sie unbedingt früh im Studium mit einer strukturierten Vorbereitung. Dann erhöhen Sie die Chancen, den Freischuss mit einem Prädikat abzuschließen. Machen Sie sich immer bewusst, wann Sie schreiben werden. Auch wenn es anfangs noch so lange hin erscheint.
- Gehen Sie nicht ohne Auswertung des geschriebenen Examens in einen Verbesserungsversuch. Arbeiten Sie unbedingt vorrangig am strukturellen Verständnis und der Sprache, wenn Sie dort selbst Schwächen sehen. Mit kurzfristig angelerntem Wissen allein wird eine Verbesserung unwahrscheinlich sein.

21. Besonderheiten beim Referendariat

Dem Zweiten Juristischen Staatsexamen ist das Referendariat vorgeschaltet. Diese Zeit ist eine sehr spannende für jeden Referendar und jede Referendarin. Die Einblicke in die Arbeit der Gerichte, der Verwaltung und der Anwaltschaft sind sehr vielfältig und alles läuft – so wird es oft beschrieben – wie in Zeitraffer ab. Kaum hat eine Station begonnen, so ist diese auch schon wieder vorbei und die Referendarinnen und Referendare sind allein mit dem Stoff.

Erst drei Monate Strafverfolgung bei der Staatsanwaltschaft: Der doch so spezielle Umgang mit den Akten, die ganzen Details zur Anklageschrift, Haftbefehle, Plädoyers im Termin. Dicke Akten – Gürteltiere – gilt es zu erschließen, wie die meisten sie noch nie gesehen haben. Danach drei Monate lernen, eine Richterin oder ein Richter im Zivilrecht zu sein: Akten bearbeiten, mündliche Verhandlungen vorbereiten und Urteile schreiben. Tenorierungen verstehen und Kostenentscheidungen begründen. Dann irgendwo in der Verwaltung meist die Arbeit der Sachbearbeiterinnen und Sachbearbeiter kennenlernen: Verwaltungsakte begründen, Widersprüche (sofern nicht abgeschafft, dann Eingaben) prüfen und Vollstreckung betreiben. Manche kommen auch irgendwohin, wo nur sehr Spezielles geschieht, was niemals Prüfungsstoff sein kann. Dann eine lange Zeit in der Anwaltschaft. Kanzleialltag kennenlernen, den Mandanten, das unbekannte Wesen, und all die vielen Klagearten...

Das Referendariat ist eine tolle Zeit und sie gibt Einblicke, die man so nie wieder haben kann: ganze Akten im Strafverfahren lesen dürfen, dann das Verfahren mitbekommen, selbst plädieren. Mündliche Verhandlungen im Zivilverfahren miterleben, eine Sitzung leiten, mit den Richterinnen und Richtern im Richterzimmer die Fälle besprechen, Emotionslagen kennenlernen und die Handhabung der Parteien und deren Anwälte. Die Bedeutung von Vergleichsquoten für die richterliche Work-Life-Balance verstehen. In der Gerichtsmedizin dem Sezieren von Leichen beiwohnen, alles über die Resorptionsphase von Drogen erläutert bekommen, das Gefängnis oder die geschlossene Psychiatrie als Besucher von innen sehen. Mit der Polizei Streife fahren ist aufregender als jeder Tatort im Fernsehen oder jede True-Crime-Serie. In der Anwaltskanzlei bei Meetings mit High-Potentials, geschassten Arbeitnehmern oder Start-Up-Gründern dabeisitzen und sich fühlen wie in der TV-Serie „Suits" macht Lust auf eine privilegierte Zukunft. Kennenlernen, was bei Strafverteidigungen die Strategie der Konfliktverteidigung bedeutet, zeigt Seiten der Gesellschaft, die bis dato unzugänglich waren.

All diese Beispiele zeigen, was auf die Referendarinnen und Referendare einprasselt. Letztlich geht es darum, die Praxis in nur zwei Jahren umfassend kennenzulernen. Die Ausbildung folgt dem Bild des Einheitsjuristen, dem Alleskönner oder der Alleskönnerin. Das ist so ein bisschen, wie es von der Ausbildung bei der Fremdenlegion behauptet wird. Dort werden alle Legionäre umfassend für alles ausgebildet. Alle Legionäre – so sagt man – sind Einzelkämpfer, Fallschirmspringer, Scharfschützen und können alles fahren, was Räder hat, schwimmt oder notfalls fliegt. Das mag so nicht stimmen, aber die Ausbildung ist schon ziemlich universell angelegt. Das steht also am Ende des Referendariats: die Superjuristin oder der Superjurist. Der offizielle Name klingt bescheiden: Volljuristin oder Volljurist.

Eine normale Berufsausbildung dauert in der Regel drei Jahre mit begleitender Berufsschule. Abiturienten können zum Teil auf zwei Jahre verkürzen. Man könnte nun denken, das ist beim Referendariat so ähnlich: dauert zwei Jahre, gibt Einblick in die Praxis. Man arbeitet schon und am Ende steht dann noch eine Prüfung. Doch Vorsicht: Das Zweite Examen ist eben keine Berufsschulprüfung. In der Berufsschulprüfung wird nämlich nur das abgeprüft, was auch in der Zeit der Berufsausbildung vermittelt wurde. Das ist beim Zweiten Staatsexamen definitiv anders, denn der gesamte Stoff des Ersten Examens steht erneut auf dem Programm. Es mag kleinere Abstriche geben, aber das materielle Recht bestimmt die Noten ganz erheblich.

Im Referendariat bekommt man Berührung mit unglaublich viel, man darf in tolle Rollen schlüpfen und faszinierende Welten kennenlernen, aber die Ausbildung dient nicht dazu, dass man lernt, wie man ein überdurchschnittliches Zweites Staatsexamen schreibt. Das ist nicht das Anforderungsprofil des Einheitsjuristen. Die Praktikerinnen und Praktiker vermitteln, wie der Arbeitsalltag aussieht. Die begleitenden Arbeitsgemeinschaften bereiten einiges auf und man schreibt auch Klausuren, aber das alles ist nicht darauf ausgerichtet, das Potential des Einzelnen herauszukitzeln. Das bedeutet, dass der Einzelne selbst dafür verantwortlich ist, sich auf das Examen vorzubereiten. Das Risiko ist sehr groß, dass die vielen oben skizzierten Eindrücke und der starke Praxisbezug vom Wesentlichen, dem Examen, ablenken. Die Menschen, denen die Referendarinnen und Referendare in den Stationen begegnen, sind mit ihrem eigenen beruflichen Alltag beschäftigt. Mögen die Ausbilderinnen und Ausbilder noch so gutwillig sein, sie sind keine Pädagoginnen und Pädagogen oder Repetitoren und Repetitorinnen. Es geht ihnen auch in der Regel nicht darum, dass die betreuten Referendarinnen und Referendare ein deutlich überdurchschnittliches Examen schreiben. Die Arbeitsgemeinschaften selbst mögen die Ausnahme sein, aber der zeitliche Rahmen steht in einem krassen Missverhältnis zur Stoffmenge. Die Arbeitsgemeinschaften decken zudem nur die hinzutretenden, meist prozessrechtlichen Fragen ab. Das materielle Recht bleibt außen vor.

Folgende Aspekte können daher dazu führen, dass das hohe Anforderungsprofil an das Zweite Staatsexamen aus dem Blick gerät:

Erstens:

Die Ausbilderinnen und Ausbilder sind Praktiker. Sie sind mit ihrem eigenen Arbeitsalltag beschäftigt. Zusätzlich müssen oder wollen sie den Nachwuchs ausbilden. So richtig viel Zeit bleibt dafür aber nicht. Viele gehen davon aus, dass essentielle Inhalte über die Arbeitsgemeinschaften während des Referendariats vermittelt werden. Auch der praktische Ausbildungsstoff ist nicht auf die Examensvorbereitung hin optimiert: Bei Gericht gehen nicht nur Klagen ein, die eine einer Examensklausur entsprechende Komplexität aufweisen. Die Tituliertung einer einfachen Leistungsklage kann sehr einfach und damit für ein Staatsexamen zu einfach sein. In einer Baurechtskammer gibt es nur Baurechtsfälle, aber nie auch einen Autokauf oder gewerbliches Mietrecht. Vielleicht gibt es auch keine Wider-, Stufen- oder Feststellungsklagen. Keine Eilverfahren oder Rechtsbehelfe gegen die Zwangsvollstreckung. Oft bekommen Referendarinnen und Referendare gar nicht alle Stadien eines gerichtlichen Verfahrens mit. Die Wiederholung des Stoffes ist weder in der Station noch in den begleitenden Arbeitsgemeinschaften vorgesehen. Das bedeutet, dass die Station als solche keine umfassende Vermittlung des Stoffes garantieren kann. Es ist daher meist nicht mehr als ein Hineinschnuppern, ohne dass dabei ein überdurchschnittliches Examen begünstigt würde.

Zweitens:

Die Einbindung in einen Arbeitsalltag führt dazu, dass sich der eigene Rhythmus daran orientiert. Morgens kommen, Mittagspause und Feierabend. Nach Feierabend einkaufen, Privatleben und Sport. Die Abende und Wochenenden dienen der Erholung. Gegebenenfalls findet dann auch mal ein Urlaub statt. – Ganz normal bei einem Fulltime-Job. Daran kann man sich gewöhnen. So laufen auch Teile des Referendariats, bis auf vielleicht ein bis zwei Stationen, ab. Es ist ein Fulltime-Job, allein unterbrochen von begleitenden Arbeitsgemeinschaften. Das ist gefährlich, wenn es darum geht, am Ende optimal auf das Zweite Examen vorbereitet zu sein. Examensvorbereitung kann nicht so ohne Weiteres in den Arbeitsalltag integriert werden. Das gilt es unbedingt zu verstehen. Stationen, bei denen die Referendarinnen und Referendare nur ein bis zwei Mal die Woche erscheinen müssen und Akten mitbekommen, verleiten ebenfalls zum „dolce vita". Es bedarf dann viel Selbstdisziplin, um sich das Pensum zu erschließen.

Drittens:

Die Anwaltsstation ist im Laufe der Zeit immer weiter verlängert worden, weil Schätzungen nach 80 bis 90% der Volljuristinnen und Volljuristen in die Anwaltschaft gehen. Oft, weil dies von Beginn an das Ziel war oder während des Referendariats als Wunsch erkannt wurde, oder aber, weil nichts anderes bleibt. Der Anwaltsberuf ist leider oft eine Verlegenheitslösung.

Die Erwartungen an die Anwaltsstation sind recht hoch. Wie sieht es aber dann aus in der Station? Viele größere Kanzleien bieten eine Station, in der die Referendarinnen und Referendare bezahlt werden für ihre Arbeit. Das bringt meist eine Verpflichtung zur Anwesenheit oder zu einem erhöhten Arbeitseinsatz mit sich. Kleinere Kanzleien oder auch Einzelanwälte und -anwältinnen sind oft spezialisiert. Für die Referendare und Referendarinnen bedeutet dies, dass sie – wie auch bei den Gerichten – nur einen kleinen Abschnitt vermittelt bekommen. In einer Strafrechtskanzlei wird Ihnen kein Baurecht begegnen. Aber die Anwaltsstation birgt auch weitere Gefahren, wenn es um die Examensnote geht. Den Ausbilderinnen und Ausbildern geht es nicht allein darum, dass der Nachwuchs überdurchschnittliche Examina macht. Wer einen anderen bezahlt, um mitzuarbeiten, möchte vielleicht auch eine Entlastung. Das muss nicht so sein, dennoch gibt es da ein Spannungsverhältnis. Es ist der Examensvorbereitung wenig gedient, wenn eine Referendarin mit Doktortitel während der Station einen Vermerk zu irgendeiner Orchideenmaterie schreibt, der sich irgendeinem Mandanten dann mit fünf Stunden zu € 300,00 berechnen lässt.

Die Idee bei der Anwaltsstation ist natürlich auch, dass ein Kennenlernen stattfindet und sich vielleicht eine Chance für die Zukunft ergibt. Man kennt sich und die Kanzlei weiß, wie gut jemand arbeiten kann, auch schon in der Zeit vor dem Examen. Viele glauben daran. Der Mythos wird auch geschürt. Wer allerdings in der Kanzlei immer bis 22.00 Uhr bleibt und nach dem Examen dann einen Job möchte, wird häufig doch zuerst nach den Examensnoten gefragt. Wer dann sagt, er habe eben nicht so viel lernen können, weil er sich ja so sehr in die Arbeit gehängt hat, wird nicht auf allzu viel Verständnis stoßen. Die Erkenntnis, worum es eigentlich geht, kommt dann allerdings zu spät. Große Kanzleien sind in der Regel nicht darauf angewiesen, sich den Nachwuchs heranzuziehen. Und auch kleinere Kanzleien mit Spezialisierung, sogenannte Boutiquen, können ganz normal ausschreiben, wenn sie Angestellte suchen.

Nicht unerwähnt bleiben darf, dass es auch Kanzleien gibt, die interne Repetitorien anbieten und sich sehr bemühen, tatsächlich die eigenen Referendarinnen und Referendare auf das Examen vorzubereiten. Aber wie viele sind das? Sind die Referendarinnen und Referendare zuvor handverlesen? Die Anwaltsstation verleitet dazu, sich mit dem Image und dem Alltag der Anwaltschaft zu identifizieren. Die Berufsträgerinnen und Berufsträger stehen in einem harten Wettbewerb miteinander und geben viele Anekdoten und Heldengeschichten von sich. „Klappern gehört zum Handwerk", sagt der Volksmund. Es gilt z.B. im Zivilrecht „da mihi facta dabo tibi ius." Der Tatsachenvortrag reicht, das Gericht eruiert die Rechtslage und ordnet alles. Fehlt etwas, gibt es einen Hinweis. Stimmt ein Antrag nicht, gibt es einen Hinweis. Anwaltliche Arbeit im Zivilrecht wird nach Streitwert bezahlt. Oft sind die Werte klein. Da geht es dann allein um Effizienz. Mittlerer Art und Güte reicht, damit kann man jeden Prozess gewinnen. Man braucht keine Hintergründe zu erläutern, keine Hilfsgutachten zu schreiben oder die Rechtsprechung im Detail zu kennen und wiedergeben können. Das mag helfen, ist aber nicht zwingend, um erfolgreich zu sein. Das führt dazu, dass die Anwaltschaft nicht mehr das Mindset hat, dass es braucht, um überdurchschnittliche Klausuren zu schreiben. Wenn nur zwischen 10 und 20% zwei Prädikatsexamina haben und der Durchschnitt bei 6 Punkten, also einem ausreichend liegt, liegt auch der Durchschnitt bei den Berufsträgern nicht darüber. Wer unter Existenzdruck steht, kaum Zeit hat und auch noch froh ist, dass jemand hier und da mithilft, weil die eigene

Arbeit belastet, kann doch nicht andere effektiv auf ein Prädikatsexamen vorbereiten. Dazu ist auch keine Ausbilderin oder Ausbilder verpflichtet. Letztlich soll die Anwaltsstation einen Einblick in die Praxis geben und eben auch Licht und Schatten zeigen. Auf das Examen vorbereiten soll die Station hingegen nicht in erster Linie. Wer das versteht, kann darauf reagieren und wird die Zeit in einer Kanzlei vielleicht auch mit anderen Augen sehen können.

Viertens:

Richtig ist, dass es im Referendariat begleitende Arbeitsgemeinschaften gibt. Diese sind in der Regel auch recht fundiert und bereiten tatsächlich auf die Klausuren vor. Allerdings handelt es sich dabei nicht um ein geschlossenes Kursprogramm. Es gibt zwar Evaluierungen und oftmals gutes Material, aber die Arbeitsgemeinschaften sind extrem verdichtet. Es gibt eigentlich keinen Raum für Wiederholungen. Die Leiterinnen und Leiter folgen mitunter Ausbildungsplänen, bei den Inhalten sind sie aber in der Schwerpunktsetzung und ihrem pädagogischen Geschick nicht gleich aufgestellt. Es ist daher ganz wichtig, dass Referendarinnen und Referendare auf jeden Fall die dort vermittelten Inhalte nachbereiten und möglichst häufig wiederholen. Die Arbeitsgemeinschaften werden von Menschen abgehalten, die dies in der Regel freiwillig machen und das Dilemma der Referendarinnen und Referendare kennen. Sie korrigieren Klausuren und wissen, wo es oft hakt. Wer Zeit dort ungenutzt verstreichen lässt, weil er die Kurse für zu überladen oder die Inhalte für zu trocken hält, verschenkt eine große Chance. Wie man mit Mandanten redet oder einen verklausulierten Anwaltsbrief schreibt, kann jeder immer noch nach dem Examen lernen, aber wie Klausuren im Zweiten Staatsexamen zu schreiben sind, wie man Urteile kompetent absetzt oder eine perfekte Anklageschrift schreibt, kann nur dort verinnerlicht werden.

> **Was Sie tun, um das Referendariat auf das Examen hin zu optimieren?**
> – Es sollte schon vor dem Referendariat damit begonnen werden, zu spezifizieren, worauf es denn so ankommt. Häufig gibt es Wartezeiten auf einen Referendarplatz. Spätestens mit Beginn des Referendariats muss ab Tag 1 voller Einsatz gezeigt werden. Es lässt sich nichts verschieben: Was zu lernen ist, gleich angehen. Klausuren schreiben, diese auswerten. Vielleicht auch schon Klausuren zu den kommenden Stationen schreiben, sich damit vertraut machen. Der Autor hat die Erfahrung gemacht, dass mit Beginn der Anwaltsstation fast keine Referendarin oder Referendar eine Anwaltsklausur auch nur angesehen, geschweige denn mal eine geschrieben hat. Das Anforderungsprofil ist völlig unbekannt. Die Arbeitsgemeinschaften sollten um jeden Preis besucht werden, der Urlaub drumherum gelegt. Sollte es sich nicht ändern lassen, lassen Sie sich die Inhalte im Detail geben und arbeiten Sie sie nach. Unbedingt eine Lerngruppe etablieren.

- Die Stationen selbst sollten als eine Art Traineeprogramm gesehen werden, nicht jedoch als eine erschöpfende Tätigkeit. Es hat nämlich, bezogen auf das Examen, nicht die erste Priorität, die Praxis zu erfahren. Viel wichtiger ist es, stets das Examen als absolute Priorität zu sehen. Die Ausbildungspläne berücksichtigen zum Teil tatsächlich die Zeiten für Vor- und Nachbereitung. Daran sollte eine Orientierung erfolgen. In der Anwaltsstation sollte ebenfalls keine 60-Stundenwoche absolviert werden. Jeder braucht Zeit für die examensrelevanten Inhalte. Drei bis vier Tage sollten für den Praxisinput reichen und dann auch nur bis 17.00 Uhr. Oft wird vor dem Ersten Examen zu viel auf Examensrelevanz geschaut, vor dem Zweiten Examen dann aber zu wenig. Examensvorbereitung kann auch integriert werden. Online können überall und zu jeder Zeit Fachaufsätze und Urteile gelesen werden. Niemand ist mehr auf Bibliotheken in der Universität, in Gerichten oder Kanzleien angewiesen. Kein Ausbilder wird Referendarinnen und Referendaren einen Vorwurf machen, wenn nach dem Mittagessen eine Tasse Kaffee lang eine BGH-Entscheidung, ein Fachaufsatz, eine Rechtsprechungsübersicht, ein Newsletter oder eine Tabelle mit Tenorierungen gelesen wird. Die Strategie der mittlerweile auch verbotenen und durchaus sanktionierten „Tauchstation", besonders während der Anwaltsstation, ist nicht optimal und auch nicht erforderlich. Neben der Aufdeckungsgefahr besteht das Risiko, dass alles auf die „Tauchzeit" geschoben wird. So kann die „Tauchstation" zur Falle werden. Eine Überlastung und Überforderung während dieser Zeit ist dann programmiert. Fatalismus führt zu einer Einstellung wie: „Na wenn schon, irgendwann muss man ja mal schreiben. Mut zur Lücke. Augen zu und durch." Stetiges Lernen ist viel nachhaltiger.
- Insbesondere im Zivilrecht werden prozessuale Inhalte einmal aus Richtersicht und einmal aus Anwaltssicht behandelt. Früher gab es keine Anwaltsstation in dem Umfang, den sie heute hat. Vielmehr ging man davon aus, dass wer tenorieren kann, auch Anträge stellen kann. Wer ein Urteil schreiben, auch eine entsprechende Klageschrift fertigen kann. Immerhin gehört das Lesen von Akten selbstverständlich zur Arbeit in der Gerichtsstation. Damit müssten Aufbau, Struktur und Inhalt von Anwaltsschriftsätzen bei Beginn der Anwaltsstation bekannt sein. Sind sie aber oftmals nicht. Das bedeutet, dass es Synergieeffekte gibt, die nicht ausgenutzt worden sind. Wer sich nicht nur daran abarbeitet, irgendwie ein Urteil zu schreiben, sondern parallel auch bewusst schaut, wie die Schriftsätze abgefasst sind und welche Fehler auch darin auftreten, lernt quasi schon vor. Es ist erstaunlich, wie selten offenbar so vorgegangen wird.
- Die Bedeutung des materiellen Rechts ist für das Abschneiden im Zweiten Examen enorm. Das gilt für alle drei Rechtsgebiete. Es ist ein Fehler zu

glauben, dass die Kommentare im Examen wirklich helfen. Von Beginn des Referendariats an sollte parallel Schritt für Schritt das gesamte materielle Recht nochmal durchgegangen werden. Viele materielle Rechtsfragen erscheinen zudem in einem anderen Licht, wenn sie in einem kontradiktorischen Spannungsfeld – also dem Erkenntnisverfahren nach der ZPO – eingebunden sind. Zu spät damit zu beginnen, ist fatal. So müssen im Strafrecht erneut umfangreiche Gutachten erstellt werden. Dies ist ohne materielles Recht nicht in überdurchschnittlicher Weise möglich.

Das Referendariat beginnt so schön entspannt und ist doch eine Reise mit dem Hochgeschwindigkeitszug.

22. Repetitorien – Fluch oder Segen

Thematisiert man die Rolle von Repetitorien, begibt man sich auf ein Minenfeld. Gerade im universitären Bereich sind Repetitoren nicht gut gelitten. Dies mag mit dem Konkurrenzverhältnis zu den Hochschullehrerinnen und Hochschullehrern zusammenhängen. Auch ist die Kommerzialität der Repetitorien vielen ein Dorn im Auge.

Nicht alle Repetitorien sind gleich. Sie haben unterschiedliche Ansätze. Damit gehen auch unterschiedliche Ansprüche an das, was den Teilnehmern und Teilnehmerinnen vermittelt werden soll, einher. Es gibt Strategien, die eine Reduktion auf das Wesentliche favorisieren und andere, die quasi alles erfassen und verdichten wollen. Es gibt Methoden, die leichter zum Erfolg führen sollen als die universitäre Herangehensweise. Wieder andere sehen das zuvor erarbeitete Uni-Wissen als Voraussetzung ihrer Kursprogramme. Da stellt sich zunächst die Frage, was ist der Erfolg? Ein sicheres Bestehen, eine durchgeführte Wiederholung in einer festen Zeit oder das Rüstzeug für ein Prädikatsexamen? Das gilt auch umgekehrt für die Teilnehmerinnen und Teilnehmer: Was will der Einzelne aus dem Kursprogramm herausholen? Beruhigung, weil er etwas macht? Lücken schließen? Oder die totale Vertiefung aller Bereiche? Sollen die eigenen Fähigkeiten auf ein neues Level gebracht werden? Wie viel ist man bereit, dafür zu tun?

Prädikatsexamina und Repetitorium schließen sich jedenfalls nicht aus. Sicherlich bemühen sich die Repetitoren darum, für alle Kursinhalte eine standardisierte Form, ein gleichbleibendes Konzept und feste Zeiten vorzugeben. Wiederholungskurse an Universitäten können sehr gut sein, aber oft sind sie nicht aus einem Guss. Die Dozentinnen und Dozenten wechseln sich ab, stimmen sich aber oft bezüglich des mitgelieferten Materials nicht ab. In den Semesterferien gibt es vielleicht gar keine Angebote. Dies sind alles Aspekte, die es zu berücksichtigen gilt.

Umgekehrt kann das Versteifen auf eine Methode, das ausschließliche Orientieren an den Vorstellungen eines Repetitors oder einer Repetitorin und das „Vorgekaut-Bekommen" von Inhalten, auch zu einer Einseitigkeit und Lethargie führen.

Welcher Typ man ist, spielt sicherlich auch eine Rolle. Wer sich schlecht motivieren kann, allein zu lernen, wird leicht dreimal die Woche um 9.00 Uhr in einem Kurs sitzen, wenn er dafür bezahlt. Das Gleichschalten von Lerngruppen ist leichter möglich, wenn für alle der externe Input im Repertorium gleich ist. Viele Repetitoren haben Wiederholungszyklen in die Kurse integriert, was gut ist. Es kann zudem ein Herdeneffekt entstehen. Das geht allerdings durchaus in beide Richtungen: Passivität und Aktivität anderer können vom Einzelnen aufgegriffen werden.

Ein gutes Repetitorium sollte nicht in Konflikt zur rechtswissenschaftlichen Durchdringung und der ständigen Auswertung der Dynamik des Rechts stehen und unbedingt Qualitätskriterien für die Prüfungsleistungen thematisieren. Das Postulat starker Vereinfachung des Stoffes sollte diejenigen misstrauisch machen, die Ansprüche an die Examina, wie sie in diesem Buch thematisiert werden, hat. Enthalten die Unterlagen keine oder nur sehr wenige Quellenangaben, laden diese nicht zur Vertiefung ein.

Es sollte zudem möglichst ein Probehören stattfinden, das Material gesichtet, mit Absolventen über die Erfahrungen gesprochen werden, bevor man Kurse bucht.

Der Autor hat ein Repetitorium in den 90er Jahren in Hamburg besucht und sehr davon profitiert. Es war Verdichtung bekannten Wissens, Aufstockung und Vermittlung von strukturellen Aspekten. Zudem war es mitunter äußerst unterhaltsam, was oft zur Motivation beitrug. Der Anspruch war, alle Hörenden der Kurse in die Lage zu versetzen, überdurchschnittliche Examina zu schreiben. Dies gelang auch vielen damals, aber natürlich nicht allen. Diejenigen, denen es gelang, bauten ihre Fähigkeiten auf den Inhalten dieser Kurse auf, investierten aufgrund der Stoffmenge neben den Kursen viel Zeit und gaben niemals auf. Ob sie wegen oder trotz des Repetitoriums so gut abschnitten, müsste jeder von ihnen selbst beantworten. Genauso wie jeder selbst entscheiden muss, ob er sich allein, in einer Gruppe oder mit einem Repetitorium auf das Examen vorbereiten möchte.

Wie kann ich für mich herausfinden, ob und welches Repetitorium sinnvoll ist?
- Probehören und das Material sichten, wird Ihnen mehr Einblick bringen. Sie finden dann auch heraus, ob überdurchschnittliche Leistungen dort ins Auge gefasst werden oder es nur ums blanke Bestehen geht. Werden Sie sich klar darüber, ob die Chemie mit den Repetitoren und Repetitorinnen stimmt.
- Verlagern Sie nicht in Ihrer Vorstellung das Lernen auf die Zeit beim Repetitorium. Es soll um Wiederholung und Vertiefung gehen. Wählen Sie den Zeitpunkt selbst und planen Sie die Zeit dort.
- Wenn Sie zum Repetitorium hingehen, ziehen Sie es unerbittlich durch, lernen Sie so viel Sie können. Schreiben Sie die angebotenen Klausuren. Wiederholen Sie den Stoff. Bilden Sie Lerngruppen. Das gilt auch für ein universitäres Repetitorium.
- Nutzen Sie die Kursmaterialien und ergänzen Sie es durch eigene Lektüre angegebener Quellen.

23. Wege in eine Karriere auch ohne Staatsnoten

Irgendwann sind sie dann vorbei, die Examina. Erst die Klausuren, das Warten, dann der Brief, das Mail oder die Onlineabfrage der Noten, die Vorgespräche, die mündliche Prüfung und die Mitteilung der Gesamtnote. Das ganze zwei Mal. Nach plus/minus zehn Jahren hat man es dann hinter sich. Die Noten bestimmen nun, wo die Reise hingehen kann. Großkanzlei, Rechts-Boutique, Richterschaft, Staatsanwaltschaft oder Notariat, z.B. in Hamburg? Beim Hamburger Notariat ist der wirtschaftliche Horizont ganz extrem weit, die Notenanforderung aber auch hoch. Die Examina können auch bei sehr guten Kandidatinnen und Kandidaten schieflaufen, auch zwei Mal. Es können überdurchschnittliche Leistungen sein, die aber eben nicht überdurchschnittlich genug sind. Oder aber es kann auch schlicht zweimal durchschnittlich gelaufen sein. Was dann?

Das Horrorszenario, das dann oft bedient wird, geht in etwa so: Überall, wo es viel Geld oder Sicherheit gibt, braucht man nicht anzufragen. Großkanzleien und Top-Boutiquen – quasi die „Bundesliga" der Anwaltskanzleien – wollen Staatsnoten möglichst garniert mit „Front- und Heckspoiler" (Doktortitel und L.L.M.). Für die Richterschaft und auch die Staatsanwaltschaft braucht es ebenfalls Staatsnoten. In der Verwaltung ist es ebenso und dort gibt es auch kaum Jobs. Zudem konkurriert man mit spezialisierten Bachelor- und Masterabsolventen, die schon in der Verwaltung gearbeitet haben. Dann ist man verdammt zum Anwaltsprekariat. Die Anwaltswelt hat nicht auf diese an der Prädikatserwartung gescheiterten Absolventen gewartet. Der Markt ist schon voll und jeder kämpft gegen jeden. Die Aussichten für eine eigene Selbständigkeit sind mäßig. Wo sollen Mandanten herkommen? So ein Büro zu unterhalten ist teuer und Leute mit großen Streitwerten gehen nur zur oben genannten „Bundesliga". Das wird ein sehr steiniger Weg!

Zugegebenermaßen ist der Markt in der Tat eng. Es ist auch nur ein kleiner Teil, der in privilegierten Großkanzleien arbeitet. Auch gibt es nicht so viele Richterstellen. Um zu einer Staranwältin oder einem Staranwalt mit einem entsprechenden Medienecho zu avancieren, gehört auch eine gewisse Persönlichkeitsstruktur – ein großes Ego. Was ist dann mit den anderen, nicht so exponierten Kandidaten?

Auch für diese gibt es Perspektiven. Und diese sind beim genaueren Hinschauen nicht so schlecht. Folgende Aspekte dürfen nämlich nicht unberücksichtigt bleiben:

Erstens:

Mittelgroße Kanzleien, die nicht in der „Boutiquenklasse" unterwegs sind, expandieren oft und brauchen angestellte Kolleginnen und Kollegen. Top-Performer können und wollen diese Kanzleien nicht bezahlen, aber sie wollen Juristinnen und Juristen, die sich entwickeln. Noten spielen auch da eine Rolle, aber es ist viel leichter möglich, Defizite zu kompensieren. So kann der Besuch eines Fachanwaltskurses, was nicht einmal eine Zulassung zur Anwaltschaft voraussetzt, signalisieren, dass man ein Gebiet zu durchdringen wünscht und auch die weitere Auseinandersetzung mit theoretischem Stoff nicht scheut. Es können auch mehrere solcher Kurse besucht werden. Der finanzielle Aufwand ist überschaubar. Innerhalb Deutschlands gibt es zudem bei Umsatz und Gewinn von Kanzleien ein Gefälle, das durch das Angebot am Markt noch verschärft wird. Das Suchen einer Stelle in der Provinz kann einen Einstieg in gut aufgestellte Kanzleien erleichtern. Wer natürlich in der Großstadt bleiben will, in der er studiert hat, muss mit den Marktgegebenheiten klarkommen.

Zweitens:

Es gibt auch in der Richterschaft und Staatsanwaltschaft Pensionierungswellen. So kann die Einstiegshürde für eine Richterstelle gesenkt werden. Dann geht auch „was mit einer 8 vor dem Komma", wie ein Juryvorsitzender es einmal ausdrückte. Auch hier gilt, Mobilität kann erforderlich sein und bei Großstädten wird der Effekt oft durch das Angebot an guten Interessenten und Interessentinnen zunichte gemacht. Der Umweg zur Richterschaft über die Staatsanwaltschaft ist ebenfalls eine Option. Ein Wechsel aus der Anwaltschaft in die Richterschaft wird zum Teil, wenn er nicht zu spät erfolgt, von einigen Bundesländern gewünscht. Dann können Erfahrung, Engagement, Spezialisierungen, vielleicht Veröffentlichungen etc. noch in die Waagschale geworfen werden. Wer zwischen 7,0 und 8,9 schreibt, kann also auch einen Einstieg schaffen.

Drittens:

Wirtschaftlicher Erfolg in der Anwaltschaft ist nicht allein abhängig von der Fähigkeit, in den Examina zu brillieren. Das kann auch völlig ohne Bedeutung sein, denn Erfolg im Anwaltsberuf basiert viel auf Vertrauen, der Ausstrahlung und der Entschlossenheit von Anwältinnen und Anwälten. Der Beruf ist so vielfältig, dass die juristische Performance allein nichts aussagt. Es sind nicht täglich immer wieder neue, hochkomplexe Themen in kurzer Zeit zu durchdringen und innovative, nie gesehene Lösungen zu finden. Die so interessanten Fragestellungen, die die Fachzeitschriften füllen, über die Doktorarbeiten geschrieben werden und an denen sich auch die Obergerichte die Zähne ausbeißen, kommen auch in einem erfolgreichen Anwaltsleben oft gar nicht vor.

Ein Anwaltsbüro ist ein kleines Wirtschaftsunternehmen, es geht darum, möglichst viel Gewinn zu machen. Ein Beispiel zeigt, dass dies nicht von der Komplexität der Materie abhängt: Verkehrsrecht ist in der Praxis zwar vielfältig, aber bestimmte Konstellationen wiederholen sich. Es ist auch nicht so sehr das Revier international ansässiger Großkanzleien. So ein Auffahrunfall ist mit einem überschaubaren zeitlichen Aufwand – inklusive aller Nebenaspekte, wie Mandantengesprächen, Anforderung von Unterlagen, Korrespondenz mit Versicherungen, Abrechnung etc. – verbunden. Einem Laien ist es in einer eigenen Angelegenheit sicherlich nicht zu empfehlen, das selbst zu machen. Der wirtschaftliche Aspekt hängt nun einzig und allein davon ab, was es für ein Fahrzeug war: War es ein Luxussportwagen, bei dem das Heck und der Motor nach einem Auffahrunfall hin waren, wird es einen ziemlichen Schaden von vielleicht € 20.000, zuzüglich Nebenforderungen geben. Handelt es sich aber um einen zehn Jahre alten Kleinwagen, liegt der Restwert bei € 500,00. Die Akte ist nahezu identisch, die Rechtsfragen sind gleich, der Arbeitsaufwand auch. Nur die Vergütung unterscheidet sich. Wird der Mandant mit dem Luxussportwagen wegen der Examensnote in die Kanzlei gekommen sein?

Das Beispiel zeigt, dass ganz andere Aspekte wirtschaftlichen Erfolg am Anwaltsmarkt prägen. Es geht nämlich darum, wer welche Mandatsstruktur binden kann. Mandanten fragen danach, ob der oder diejenige richtig ist für ihren Fall. Der Umgang mit Menschen, ein Image, manchmal auch eine Unnachgiebigkeit entscheiden über den wirtschaftlichen Erfolg daher oftmals mehr als die Noten von einem Jahre zurückliegenden Examen. Die Karten werden also nach den Examina nochmal neu verteilt, wenn es um Erfolg geht.

Übrigens: Der Mandant hält auch die Anwältin oder den Anwalt mit einem „Doppel-Sehr gut" wie auch jeden anderen mit einer x-beliebigen Note für eine Versagerin oder einen Versager, wenn nicht das rauskommt, was er sich gewünscht hat.

Viertens:

Zu einer guten Examensvorbereitung sollte auch der Umgang mit Druck gehören. Dies kann dadurch geschehen, dass eben auch eine positive Sicht dafür geschaffen wird, wenn es nicht für Staatsnoten reichen sollte. Kein Referendar und keine Referendarin weiß wirklich, wie ein Job in einer Großkanzlei in fünf oder zehn Jahren aussieht. Auch weiß niemand, ob die Realität dort wirklich so ist, wie man sich das vorstellt. Selbst Stationen und Praktika geben nur ein unvollständiges Bild. Was wird denn sein, wenn man eine Familie gründen will oder sich auch gesellschaftlich engagieren möchte? Gefällt einem der „Stallgeruch" der Kanzlei? Entspricht einem dann später die Mentalität der Partnerinnen und Partner? Was ist, wenn der Senior, den man so mochte, in fünf Jahren nicht mehr da sein wird?

Großkanzleien sind nicht alternativlos. Die Examensnoten sind bestimmt ein Türöffner. Aber schon mit 40 wird eine Kanzlei nach anderen Aspekten schauen, wenn eine Anstellung ansteht. Mandantenstamm, Aquisefähigkeiten, Führungsqualitäten spielen dann eine Rolle. Vielleicht wird auch in zehn Jahren „Legal Tech" die Regel und nicht die Ausnahme sein. „Legal Tech" steht in keiner Prüfungsordnung. Die Offenheit für und die Versiertheit damit kann daher vielleicht zum Gamechanger werden.

Wer sich all diese weichen Faktoren immer wieder einmal klarmacht, kann sich vielleicht auch ein Stück weit entspannen, wenn es um das große Ziel des Prädikatsexamens geht. Zum „Bigger Picture" gehören auch Work-Life-Balance, Zufriedenheit und letztlich Selbstbestimmtheit. Nur wer dies berücksichtigt, kann wirklich erfolgreich sein. Die Punkte in den Examina in € 15.000 Gehalt pro Punkt und Jahr umzurechnen, ist Unsinn. So läuft das nur sehr selten, wenn überhaupt einmal. Gelassenheit ist der Schlüssel. Das höchste Ziel anzustreben, sich nach der Decke zu strecken so gut es geht, sich nie zu limitieren, ist sicherlich eine gute Strategie, aber mit den Resultaten umgehen zu können, wird über das Lebensglück mehr entscheiden als jedes Prädikat.

Anhang: 20 typische Schwächen und wie man sie vermeiden kann.

1. Nicht auf das Wissen des Korrigierenden abstellen

Oft werden Inhalte nur angedeutet, so dass sich der Leser etwas hinzudenken muss, damit die Ausführungen vollständig sind.

Ein Beispiel:

> *Der K hatte keine Sicht auf den Balkon, als der Blumenkübel aus der Halterung fiel, so dass er schuldhaft gehandelt hat.*

Besser wäre es, wenn sich der Leser die Norm des § 276 BGB, den Grad des Verschuldens und die Bestimmung einer im Verkehr erforderlichen Sorgfaltspflicht nicht erst hinzudenken muss.

Wenn das schon nicht streng im Gutachtenstil geprüft werden soll (z.B. im Zweiten Examen), dann sollte zumindest alles wiedergegeben werden:

> *Der K handelt fahrlässig im Sinne des § 276 BGB, denn er verletzte die im Verkehr erforderliche Sorgfalt. Er wäre als Kranführer verpflichtet gewesen, für eine freie Sicht auf das Hebegut zu sorgen. Der K hatte jedoch keine entsprechende Sicht auf das Hebegut, da ein Baum ihm die Sicht versperrte.*

Wenn es ganz eindeutig ist, dann kann die Aussage so erfolgen:

> *K handelte fahrlässig i.S.d. § 276 BGB, weil er ohne freie Sicht die Arbeiten durchführte.*

2. Ungenaue Begrifflichkeiten

Die Fachterminologie sind die Korrigierenden gewohnt, daher stechen Ungenauigkeiten immer sofort ins Auge.

Dazu ein Beispiel:

> *Fraglich ist, ob das Eigentum des A als Rechtsgut des § 823 Abs. 1 verletzt wurde. Dies ist dann gegeben, wenn eine Sachsubstanzverletzung eintritt. Dies ist insbesondere bei einer Zerstörung der Sache anzunehmen. Die Fensterscheibe ist durch den Aufprall des Golfballes komplett zersplittert und damit in ihrer Sachsubstanz als Ganzes betroffen. Somit liegt ein Schaden am Eigentum des A vor.*

Der Begriff „Schaden" ist ein terminus technicus und sollte daher nur im Rahmen der haftungsausfüllenden Kausalität verwendet werden. Solche Ungenauigkeiten treten erfahrungsgemäß selten isoliert auf. Isoliert wäre das kein Drama, aber im Zusammenspiel mit weiteren terminologischen Unsicherheiten schwächt es die Leistung. Genauer wäre daher die Formulierung:

Somit liegt eine Eigentumsverletzung vor. Oder: *Damit ist das Eigentum des A als Rechtsgut i.S.d. § 823 Abs. 1 BGB verletzt.*

In der haftungsausfüllenden Kausalität ist dann der Schaden in Bezug zu nehmen:

Fraglich ist, ob dem A durch die erlittene Eigentumsverletzung ein zurechenbarer Schaden entstanden ist.

Letztlich ist es einfach. Wer sich klarmacht, dass „Schaden" wie „Vermögensschaden" zu lesen ist, wird das nicht mehr durcheinanderbringen.

3. Keine eindeutige Trennung zwischen Definition und Subsumtion

Das ist ein Klassiker unter den kleinen Ungenauigkeiten.

Hier ein Beispiel:

Eine Wegnahme nach § 242 StGB ist anzunehmen, wenn der A bei gleichzeitigem Bruch fremden Gewahrsams neuen, nicht notwendigerweise eigenen Gewahrsam begründet. ...

Strenggenommen ist das Merkmal der Wegnahme unabhängig von A. Man könnte hier erwägen, dass es in Ordnung ist, wenn dort stünde:

Eine Wegnahme i.S.d. § 242 StGB durch A ist anzunehmen, wenn der A ...

Definitionen sind abstrakte Beschreibungen, die für sich stehen und eben erst im Rahmen der Subsumtion auf den Fall zu beziehen sind.
   Eine Zeit lang sollte jeder sehr streng mit sich sein und alle Definitionen in einem isolierten Hauptsatz formulieren, ohne die Handelnden wie A oder B in Bezug zu nehmen. Erst in einem weiteren Satz sollte dann die Subsumtion erfolgen, in der dann auch die Bezugnahme erfolgt.

Zum Beispiel:

> *Fraglich ist, ob ein Buch eine Sache i.S.d. § 90 BGB ist. Körperliche Gegenstände nach § 90 BGB kennzeichnen sich durch ihre Sachsubstanz. Sie haben daher physikalisch eine Masse. Bücher werden aus Papier hergestellt, welches als Naturprodukt Substanz und damit Masse besitzt. Somit ist ein Buch eine Sache.*

4. Umgang mit Anspruchsgrundlagen

Oft gibt es Ungenauigkeiten mit Anspruchsgrundlagen im zivilrechtlichen Gutachten. Diese treten sogar noch regelmäßig bei Referendarinnen und Referendaren zu Tage, so dass es sich nicht um einen Anfängerfehler handelt.

Beispiel:

> *Der A könnte einen Anspruch auf Schadensersatz aus § 280 BGB haben.*

Da fehlt so einiges. Es gilt der alte Satz: „Wer, von wem, was, woraus?" Gegen wen soll der A den Anspruch denn haben? In welcher Höhe? Die Anspruchsgrundlage des § 280 hat mehrere Absätze. Jedenfalls der Schadensumfang müsste genannt werden. Also §§ 280 Abs. 1, 249 Abs. 2 BGB, wenn nicht Naturalrestitution und damit die Zahlung einer bestimmten Summe verlangt wird. Auch nimmt das Gesetz oftmals Bezug auf § 280 Abs. 1 BGB. So z.B. in § 437 Nr. 3 oder § 643 Nr. 4 BGB oder § 241 II BGB.

Vielleicht denkt man, bei nur zwei Personen sei es nicht essentiell zu schreiben, dass eine Summe von B verlangt wird. Von wem denn sonst? Die Höhe kann doch auch noch am Ende bestimmt werden.

Natürlich kann sich der Prüfende das leicht hinzudenken. Aber es ist nicht seine Aufgabe, Unvollständigkeiten zu verzeihen. Vielleicht mag es auch hier und da überlesen werden. Dennoch zeigt es eine Lücke in der korrekten Methode der Anspruchsprüfung und es entstehen häufig Folgefehler.

Besser wäre daher z.B. beim Schadensersatzanspruch bei Werkmangel, wie folgt zu formulieren:

> *Der A könnte gegen B einen Anspruch auf Schadensersatz in Höhe von € 3.500,00 aus §§ 280 Abs. 1, 634 Nr. 4, 633, 631, 249 Abs. 2 BGB haben.*

5. Gliederungsebenen

Sehr häufig gibt es in Klausuren und Hausarbeiten Schwächen im Umgang mit den Gliederungsebenen. Manchmal fehlen diese fast gänzlich. Tatbestand, Rechtswidrigkeit und Schuld sollten schon mit 1., 2., 3. etc. untergliedert sein. Dies gilt auch im Zivilrecht. Sinnvolle Gliederungsebenen stärken die Struktur. Reiner „Fließtext" ohne Gliederungsebenen und Absätze ist sehr selten inhaltlich gut strukturiert. Gliedern kann man lernen, indem Lösungsskizzen erarbeitet werden. Dabei muss auch darauf geachtet werden, dass keine Zergliederung stattfindet. Gliederungsebenen sind kein Selbstzweck. Vielmehr sollten sie sich im besten Fall aus der dogmatischen Struktur der Ausführungen ergeben: also ein Hauptaspekt in einer oberen Ordnung und diese Ordnung bildenden Aspekte darunter.

So zergliedert sich der Tatbestand im Strafrecht in den objektiven und subjektiven Tatbestand. Der subjektive Tatbestand wiederum in die unteren Ebenen „Wissen" und „Wollen".

Besonders wichtig natürlich auch: Wer A sagt, muss auch B sagen. Auf I. muss II. folgen etc.

6. Verletzung des Trennungsprinzip im Sachenrecht

Das Trennungsprinzip, auch als Abstraktionsprinzip bezeichnet, differenziert eine Veräußerung in eine schuldrechtliche und eine dingliche Ebene.

Ein Beispiel ist der Kauf beweglicher Sachen. Das Verpflichtungsgeschäft ist in § 433 BGB geregelt. Die Erfüllung erfolgt nach § 929 S. 1 BGB. Leider findet sich auch in rein sachenrechtlichen Zusammenhängen oft folgende Formulierung:

Durch den Kauf des Fahrzeuges nach § 433 Abs. 1 BGB wurde der K Eigentümer.

Das mag pingelig klingen! Es ist aber nicht richtig, da § 433 Abs. 1 BGB nur die Verpflichtung zur Eigentumsübertragung regelt. Sauber könnte man wie folgt formulieren:

Durch die Veräußerung des Fahrzeuges von A an B im Wege des Kaufs wurde der B Eigentümer desselben.

oder

Zur Erfüllung des geschlossenen Kaufvertrages übereignete der A das Fahrzeug an B nach 929 S. 1 BGB, so dass dieser Eigentümer wurde.

Wird etwas streng im Gutachtenstil „geprüft" wird in der Regel recht genau gearbeitet, bei Merkmalen, die jedoch nicht so sehr im Fokus stehen, wird es jedoch oft, wie in dem Beispiel oben, ungenau.

7. Fehlende Orientierung an konkreten Rechtsfolgen

Größere Abschnitte sollten mit einer an einer Rechtsfolge orientierten Fragestellung begonnen und auch thematisch zugeschnitten werden.
Zum Beispiel:

> *Der A könnte den Vertrag anfechten nach § 119 Abs. 1 1. Alternative, wenn ein Anfechtungsgrund vorliegt.*

Zunächst ergeben sich Ungenauigkeiten. So kann sich seine Anfechtung nur auf die von ihm zum Zustandekommen des Vertrages gerichtete Willenserklärung beziehen, nicht jedoch auch auf die Erklärung des anderen. Dann geht es bei der Anfechtung nicht darum, ob der Irrende „anfechten" kann, sondern was aus einer wirksamen Anfechtung rechtlich folgt. Die für die Prüfung weiter entscheidende Rechtsfolge einer wirksamen Anfechtung steht jedoch in § 142 Abs. 1 BGB und eben nicht in § 119 Abs. 1 BGB. „Anfechten" wird häufig mit „nichtig werden lassen" gleichgesetzt. Das ist aber strenggenommen nicht richtig. Daher sollte das präziser formuliert werden:

> *Der von A mit B geschlossene Vertrag könnte in Folge einer Anfechtung der auf den Kauf des Tablets gerichteten Erklärung des A nach §§ 142 Abs. 1, 119 Abs. 1 1. Alt, 121 BGB von Anfang an nichtig sein, so dass der Kaufpreisanspruch entfällt.*

Im Referendariat in der Anwaltsklausur wird häufig bei der Prüfung des Einspruchs gegen ein Versäumnisurteil folgende Feststellung ins Nichts hinein getroffen:

> *Es ist ein Einspruch gegen das Versäumnisurteil zu erwägen. Der Einspruch ist statthaft gegen ein Versäumnisurteil. Fraglich ist, ob ein Versäumnisurteil in gesetzmäßiger Weise ergangen ist ...*

Die Frage nach der Gesetzmäßigkeit ist weder für die Statthaftigkeit noch für die Erfolgsaussichten des Einspruchs selbst von Belang. Warum? Zunächst müsste auch gegen ein nicht in gesetzmäßiger Weise ergangenes Versäumnisurteil ein Einspruch fristgerecht eingelegt werden. Sollte ein Zustellmangel dazu geführt haben, dass das Versäumnisurteil nicht in gesetzmäßiger Weise ergangen ist, kann der Gegner dies heilen und die Erfolgsaussichten des Einspruchs insgesamt hängen dann doch wieder von anderen Aspekten ab. Wichtiger wäre es daher, die Prüfung der Gesetzmäßigkeit ausschließlich an der sich daraus ergebenden Rechtsfolge zu orientieren. Diese ist in § 707 Abs. 1, 719 Abs. 1 ZPO geregelt. Ist das Versäumnisurteil in nicht gesetzmäßiger Weise ergangen, besteht ein Anspruch auf eine Einstellung der Zwangsvollstreckung ohne Sicherheitsleistung, wenn der Einspruch eingelegt wird. Das Versäumnisurteil ist, anders als fast alle übrigen nicht rechtskräftigen Urteile, vorläufig ohne Sicherheitsleistung sofort vollstreckbar. Dann ist es schon wichtig, ob der Beklagte, ohne eine Sicherheit leisten zu müssen, vor der Zwangsvollstreckung sicher ist. Hier ist besonders entscheidend, dass er eben einen Anspruch gerade auf eine Einstellung ohne Sicherheitsleistung haben kann.

Daher wäre es stringenter, wie folgt zu formulieren:

Der auf die Aufhebung des Versäumnisurteils und die Abweisung der Klage gerichtete Einspruch ist statthaft. Er kann noch fristgerecht eingelegt werden.

Auch hier sollte das Rechtsschutzziel klar benannt werden. An anderer Stelle kann dann an die §§ 707, 719 ZPO angeknüpft werden.

Der Beklagte kann im Antragswege die sofortige Einstellung der Zwangsvollstreckung aus dem angegriffenen Versäumnisurteil ohne Sicherheitsleistung erreichen. Er hat nach § 707 Abs. 1, 719 Abs. 1 BGB einen Anspruch auf eine Einstellung der Zwangsvollstreckung ohne Sicherheitsleistung, wenn das Versäumnisurteil in nicht gesetzmäßiger Weise ergangen sein sollte.

Auch für das Strafrecht sind konkrete Rechtsfolgen der recht komplexen Institute von Belang. Oft ist wesentlich, was aus einer Konstellation folgt. Wenn dies umstritten ist, kann keine Festlegung der Rechtsfolge zu Beginn der Prüfung erfolgen, aber sehr wohl kann die Auswirkung umschrieben werden. Daher wäre auch nicht danach zu fragen, ob ein Erlaubnistatbestandsirrtum oder eine Putativnotwehr vorliegt, sondern wie sich diese auswirkt. Es gilt dann eine stringente Umschreibung dessen zu finden, was später im Gutachten zu thematisieren ist.

So könnte ein Einstieg erfolgen:

Fraglich ist, ob der T aufgrund eines Erlaubnistatbestandsirrtums nicht bestraft werden könnte. Rechtsprechung und Lehre berücksichtigen das Vorliegen eines Irrtums über das Vorliegen der tatsächlichen Voraussetzungen eines anerkannten Rechtfertigungsgrundes zugunsten des Irrenden. Wie eine solche Berücksichtigung ausgestaltet und begründet wird, ist dabei umstritten. Zunächst müsste jedoch ein solcher Erlaubnistatbestandsirrtum in der Person des T vorliegen...

Letztlich geht es quasi immer um den Aufhänger für die durchzuführende Prüfung. Die Differenzierung und mögliche Ausgestaltung muss im Strafrecht genauer durchdacht werden.[31] In anderen Rechtsgebieten ist dies in der Regel ein-

---

31 Das hier gewählte Formulierungsbeispiel ist daher strukturell zu verstehen und nicht als zwingende Vorlage.

facher. Die Willenserklärung ist entweder nichtig oder nicht. Rechtzeitig zugegangen oder nicht. Es sollte also alles in Bezug auf eine Auswirkung oder Rechtsfolge geprüft werden und diese sollte auch anhand von Normen spezifiziert und ausdrücklich bezeichnet werden.

8. Inzidentprüfungen vermeiden

Immer wieder, vor allem unter Zeitdruck, selbst bei Referendarinnen und Referendaren noch, werden Inzidentprüfungen vorgenommen. Vermutlich wird dann ohne Lösungsskizze ins Blaue hinein geschrieben.

Werden z.B. Ansprüche gegen einen als Verrichtungsgehilfen in Frage kommenden, unmittelbar Handelnden und einen potentiellen Geschäftsherren geprüft, sollte mit den Ansprüchen aus §§ 823 Abs. 1, 249 BGB gegen den Handelnden begonnen werden. Erst danach sollte auf die mögliche Haftung aus §§ 831 Abs. 1, 249 BGB eingegangen werden. Es kann dann entsprechend nach oben verwiesen werden.

Es ist ebenfalls zu empfehlen, bei Schadensersatzansprüchen aus §§ 989, 990, 249 BGB vorab die Vindikationslage (also den stehenden Anspruch des Eigentümers auf Herausgabe nach §§ 985, 986 BGB) zu prüfen, wenn auch danach gefragt ist. Ist nicht danach gefragt, ist eine Inzidentprüfung tatsächlich einmal angezeigt.

Ein vorheriges Durchdenken des Aufbaus mittels Lösungsskizzen führt automatisch zu einem souveräneren Umgang mit solchen Konstellationen. Ein automatisches Vorgehen im Sinne eines „Das prüft man immer so" sollte vermieden werden. Stets ist eine eigene Reflektion zugrunde zu legen.

9. Nicht den Aufbau begründen

Formulierungen wie *„zu prüfen ist ...", „Fraglich ist, ob der haftungsbegründende und der haftungsausfüllende Tatbestand erfüllt sind"* oder *„Der T hat sich durch sein Verhalten am 5. Mai 2020 strafbar nach § 242 StGB gemacht, wenn er den objektiven und den subjektiven Tatbestand erfüllt, sowie rechtswidrig gehandelt hat und die Voraussetzungen der Schuld erfüllt sind"* sind absolut unnötig.

Weder der Prüfungsaufbau als solches noch dogmatische Vorgaben wie der Deliktsaufbau im Strafrecht sind auszuformulieren. Wer von diesem Grundsatz abweicht, sollte stets eine gute Begründung dafür haben. Eigentlich gibt es nie einen guten Grund dafür. Dies gilt auch für Vorprüfungen irgendwelcher Präambeln in Klausuren, auch in Referendarklausuren. Als Ausnahme mag nur gelten, wenn derjenige, der die Arbeit stellt, diese auch korrigiert und explizit bestimmte Formulierungen fordert. Das dürfte aber nur sehr selten, vielleicht zu Beginn des Studiums, der Fall sein. Danach gilt, dass nur das Wesentliche zu erörtern ist.

10. Formulierungen im Palandt oder anderen Kommentaren nicht als absolute Wahrheit begreifen

Die im Examen erlaubten Kommentare sind Kurzkommentare. Vieles wird sehr knapp wiedergegeben. Oftmals fehlt es an einer differenzierten Auseinandersetzung. Oder es steht nur „str." oder „a.A." als Hinweis für komplexere Streitstände. Häufig werden Aussagen des Kommentars unreflektiert in Klausuren übernommen. Einige Aussagen in Kurzkommentaren können jedoch auch vom Prüfling fehlinterpretiert werden. Daher sollte alles hinterfragt werden, bevor es wörtlich übernommen wird. Häufig wäre nämlich auch eine Vertiefung des Aspektes oder eine Ableitung für eine überdurchschnittliche Leistung notwendig.

Die Hinweise der Prüfungsämter zu den Examensklausuren belegen in der Regel die vorgeschlagenen Wertungen mit Urteilen, Großkommentaren oder auch Aufsätzen. Da wird nicht geschaut, ob sich die Fragestellungen durch Übernahmen aus einem Kurzkommentar lösen lassen. Manchmal gibt es einen Hinweis auf eine Kommentierung, beispielsweise dass eine komplexe Fragestellung auch deshalb erkennbar war, weil es eine kurze Andeutung dazu im Kommentar gegeben habe. Viele Prüflinge übergehen dann solche Aspekte, weil der Kommentar nun gerade nur einen Halbsatz dazu enthält.

Ohne Hintergrundwissen geben die Kurzkommentare aber meist nur eine trügerische Sicherheit. Was jemand präsent hat, kann mit einem Kommentar nochmal abgesichert werden. Aber Kurzkommentare taugen wenig, um belastbares Wissen daraus unter Zeitdruck während einer Klausur zu schöpfen. Kommentare, die speziell für die Ausbildung konzipiert sind, enthalten meist gezieltere Angaben zu den Standardproblemen.

11. Abwägungen werden nicht präzise herausgearbeitet

Abwägungen sind ein zentraler Aspekt in vielen Prüfungsarbeiten. Häufig erfolgen jedoch nur sehr lieblose Ausführungen. Es mangelt an Differenzierung. Bei der Verhältnismäßigkeit im engeren Sinne z.B. gilt es nicht allein, Rechtsgüter als Ganzes gegeneinander abzuwägen, sondern die Auswirkungen darauf, die Wahrscheinlichkeiten oder die Intensität. Auch der Zweck einer Maßnahme ist kein Monolith in einer Abwägung, sondern es geht um Nutzen und dessen Intensität etc. Dann müssen auch die Maßstäbe genau bestimmt und die Ausführungen daran angepasst werden. Was macht denn ein wesentliches Überwiegen aus? „Wesentlich" bezogen auf was? Abwägungen sind kein formaler Vorgang, sondern höchst individuelle Wertungen. Daher sollten solche Abwägungen in höchstrichterlichen Entscheidungen genauer analysiert und nicht nur hinsichtlich des Ergebnisses zur Kenntnis genommen werden. Natürlich muss der Umfang solcher Ausführungen auch im Verhältnis der Schwerpunktsetzung in einer Klausur gesehen werden, so dass auch einmal eine Abwägung sehr eindeutig ausfallen kann. Souverän begründete Abwägungen in Klausuren sind oft „Punktebringer" und sollten daher stets sorgfältig erarbeitet werden.

12. Grundrechte und ihre Betroffenheit

Grundrechtsdogmatik muss unbedingt ganz sensibel behandelt werden. So sollte genau erwogen werden, ob nicht die Formulierung: *„Es könnte ein Eingriff in den Schutzbereich vorliegen"* eleganter und besser ist als *„Der Schutzbereich könnte verletzt"* sein. Auch sollte bei Rahmenrechten wie dem allgemeinen Persönlichkeitsrecht zunächst eine Betroffenheit und nicht ein Eingriff oder gar eine Verletzung geprüft werden, um dann nach Ausschluss eines Eingreifens in den unantastbaren Kern die letztlich für die mögliche Verletzung des Grundrechts notwendige Abwägung durchzuführen. Das Wort „Betroffenheit" grenzt die von der Rechtsprechung entwickelten Grundrechte von denen des Verfassungsgebers ab. Hier geht es nicht darum, welche Begriffe absolut korrekt sind, sondern dass ein besonderes Augenmerk darauf zu legen ist.

13. Keine Abkürzungen aus Kurzkommentaren in Klausuren benutzen

„EBV, GV, VU, GRe, VA, OWi, %-Pkt., BeschlussV, GF ..." sind alles bekannte Abkürzungen, die jedoch nicht oder nur sehr sparsam in Klausuren verwendet werden sollten. In Tenorierungen oder Anträgen im Zweiten Examen haben Abkürzungen wie VU, VA oder %-Pkt. nichts zu suchen. Die Zeitersparnis ist marginal. Der Leser jedoch bleibt nicht unberührt von der Verwendung dieser Abkürzungen. BGH, BVerfG, OLG usw. dürfen natürlich verwendet werden. Dies gilt auch für die „herrschende Meinung oder Lehre" sowie „ständige Rechtsprechung" (h.M. und h.L. sowie st. Rspr.). Bei diesen handelt es sich um etablierte Abkürzungen. Wer als Juristin oder Jurist in Zeitungsartikeln in Tageszeitungen liest: *„Das BVG hat wieder einmal eine wichtige Entscheidung getroffen"*, wird irritiert sein. So einen ähnlichen Effekt hat die Verwendung von Abkürzungen und der Kurzsprache von Kurzkommentaren oder Skripten von Repetitorien in Klausuren oder Hausarbeiten auf die Prüfenden. In Lösungsskizzen ist das hingegen egal, aber schriftliche Ausführungen sollten den Lesefluss begünstigen. Besser ist es daher, mit Abkürzungen sehr zurückhaltend umzugehen.

14. Keine Unsicherheit suggerieren

Wörter wie „wohl", „dürfte" oder „eher" suggerieren, dass Unsicherheit besteht. In Klausuren sollen aber belastbare Ergebnisse erarbeitet werden. Wer oft solche „Unsicherheits-Wörter" verwendet, sollte unbedingt analysieren, weshalb er oder sie das macht. Es kann hier nicht für alle denkbaren Konstellationen ausgeschlossen werden, dass so ein Wort auch mal passend ist. Meist schleicht sich das aber ein, weil es auch für den Fall, dass man falsch liegt, ein gutes Gefühl liefern soll. Eine solche Absicherung gibt es aber nicht. Dies zeigt, dass mangelnde Souveränität im Umgang mit dem Stoff und dessen struktureller Einbindung sich auch sprachlich zeigt. Es geht also nicht nur um einzelne Wörter, sondern auch um die Tendenz zum Pauschalieren oder das lieblose „Erledigen" von Prüfungspunkten, die ihren Ursprung oft in einer Unsicherheit hat. Genauigkeit und Struktur sollten daher auch als guter Weg zu einer Sicherheit gesehen werden und nicht als schwer zu erarbeitendes Element. Wer viele Klausuren liest, entwickelt ein feines Gespür dafür, wie sicher jemand ist. Dabei wirken viele Aspekte zusammen. Kleine Wörter wie „wohl" oder „eher" sind dabei verräterische Indizien.

15. Umgang mit Lateinischen Formeln

Lateinische Rechtssätze sollten erläutert oder übersetzt werden. Lateinische Umschreibungen von Rechtsgrundsätzen gehören zur Rechtswissenschaft. Man kann ihre Verwendung als Relikt des Bildungsbürgertums auffassen und sie deshalb nicht verwenden. Damit ist jedoch wenig gewonnen. Ein Latinum braucht man jedenfalls nicht, da die wenigen Formulierungen auch schlicht gelernt werden können. Immerhin kann auch jeder verstehen was „C'est la vie!" auf Französisch bedeutet, der sonst kein Französisch beherrscht. Repetitoren und Repetitorinnen gaben eine Zeit lang eine Liste mit lateinischen Rechtssätzen und deren Übersetzung heraus. Das war eine überschaubare Anzahl an „Vokabeln". Wer das kritisch sieht, möge bedenken, dass Medizinerinnen und Mediziner tausende von Begriffen lernen müssen und als Fachsprache untereinander und in Prüfungen verwenden. Weder Latinum noch Graecum sind jedoch Voraussetzung für ein Medizinstudium.

In juristischen Prüfungsleistungen stellt eine Verwendung von Latein jedenfalls dann kein Problem dar, wenn es zur Verdeutlichung herangezogen und entsprechend erläutert wird.

Natürlich ist nicht zu empfehlen, schlicht einen lateinischen Satz zu verwenden und es dabei bewenden zulassen:

Der A kann sich auf die Einrede des „venire contra factum proprium" berufen und muss daher nicht zahlen.

Das führt dazu, dass sich der Leser nun das Wesentliche hinzudenken muss. Daher könnte eine Einbettung eleganter erfolgen:

> Der A kann sich auf § 242 BGB berufen, indem er die Einrede widersprüchlichen Verhaltens („venire contra factum proprium") erhebt. Der B hat zunächst ..., dann aber ... usw.

Natürlich löst die Verwendung entsprechender lateinischer Formulierungen auch beim Lesenden oder in einer mündlichen Prüfung etwas aus. Tatsächlich wird die Verwendung von Fremdwörtern, Fachsprache und auch Latein oder sogar Alt-Griechisch mit höherer Bildung assoziiert. Das ist so, ob es einem nun gefällt oder nicht. Da darf niemand naiv sein. Insofern sollten entsprechende Fähigkeiten oder Kenntnisse in angemessenem Maße entwickelt werden.

Es sollte jedoch stets bekannt sein, was exakt gemeint ist, wenn verkürzt Bezug genommen wird. Hier ausformuliert der Nemo-prudens-Grundsatz, die Dolo-agit-Einrede und der Nemo-tenetur-Grundsatz:

> *Nemo prudens punit, (ut ait Plato), quia peccatum est, sed ne peccetur.*
> *Dolo agit qui petit quod statim rediturus est.*
> *Nemo tenetur se ipsum accusare.*

Googeln Sie das mal und gehen den Bedeutungen auf den Grund!

16. Berücksichtigung kontradiktorischer Aspekte im Zivilprozess

Im Assessorexamen ist es besonders wichtig, relationstechnisch zu denken. Allerdings muss heute niemand mehr eine Relation schreiben. Darunter wird eine gutachterliche Darstellung, getrennt nach dem Sachvortrag der Klägerseite und der Beklagtenseite sowie dann eine weitere Betrachtung eventueller Beweisfragen verstanden. Entsprechend untergliedert sich eine Relation in Klägerstation, Beklagtenstation und Beweisstation. Es werden daher bei einer Relation drei gutachterliche Abschnitte notwendig. Heutzutage wird hingegen ein einstufiges Gutachten verlangt. Dabei werden die Beweisfragen punktuell erörtert und nicht mehr in Stationen aufgesplittet. Dennoch wird häufig viel zu oberflächlich mit den relationstechnischen Aspekten umgegangen. Sehr oft wird in Referendarklausuren eine Beweisfrage erörtert, obwohl zuvor die Notwendigkeit dafür nicht festgestellt wurde. Eine solche Erörterung des Beweises ist dann falsch, denn über Unstreitiges oder Nicht-Wesentliches darf kein Beweis erhoben werden.

Ob etwas bewiesen werden kann bzw. überhaupt Beweis von einer Partei angeboten werden muss, ist nachrangig zu der Frage, ob der Tatsachenvortrag der Gegenseite überhaupt bestritten wird und ob das Bestreiten ausreichend substantiert ist. Auch, ob ein Bestreiten mit Nichtwissen für die andere Seite zulässig ist, muss gesondert geprüft werden. Auch die Klärung der Beweislast spielt eine wesentliche Rolle, denn: Wenn kein Beweismittel ersichtlich ist, kann eine Beweislastentscheidung ganz ohne Beweisaufnahme erfolgen.

Häufig werden Anordnungen des Gesetzgebers zu einer Beweislastumkehr oder Vermutungen im materiellen Recht im Examen übersehen oder fehlinterpretiert (z.B. §§ 280 Abs. 1 S. 2, 831 Abs. 1 S. 2 BGB oder auch § 932 Abs. 1 BGB). Es ist bei der Behandlung von Beweisfragen immer eine ganz besondere Sorgfalt nötig, um eine belastbare Bewertung über Erfolgsaussichten in einem anwaltlichen Vermerk zu erarbeiten oder aber ein Urteil zu schreiben. Im Ersten Examen, wo nur eine Prüfung materiellen Rechts geschuldet wird und es keine kontradiktorischen Aspekte gibt, dürfen Beweisfragen (vorbehaltlich dies wird explizit einmal gefordert) ebenfalls nicht überschießend thematisiert werden.

17. Nicht aus der Hüfte schießen

Häufig entdecken Prüflinge noch beim Schreiben der Klausur einen aus ihrer Sicht vermeintlich wesentlichen Aspekt und hoffen, dass das schnelle Aufgreifen positiv bewertet wird. So schnell hingeschriebene Sätze wie: *„Der A kann dann auch noch als Gesamtschuldner Regress nehmen, aber nur über einen Teilbetrag, denn es liegt hier wegen der Haftungsprivilegierung ein gestörter Gesamtschuldnerausgleich vor."*, *„Der Mandant kann dann noch eine isolierte Drittwiderklage auf Feststellung gegen den C einreichen, da dem Kläger der Anspruch vorher abgetreten wurde."* oder *„Der A hat sich auch noch zulasten des B eines Betruges strafbar gemacht, da er ihn getäuscht hat."* Diese Andeutungen sind in der Regel nutzlos, oft falsch und auch zu wenig belastbar dargetan. Der Gedanke dahinter ist verständlich, aber so etwas hat meist den Hintergrund, dass die Lösung nicht zuvor genau genug mit Hilfe einer Lösungsskizze durchdacht wurde. Oft gehen solche Schnellschüsse aus der Hüfte auf schlechtes Zeitmanagement zurück. Wer hochkomplexe Konstrukte so unreflektiert noch schnell in Bezug nimmt, erreicht nichts Wesentliches und signalisiert dem Leser nur, den Überblick verloren zu haben. Das ist fatal.

18. Der Sachverhalt oder der Bearbeitervermerk werden nicht genau gelesen!

Immer wieder werden wichtige Details in Klausuren nicht genau betrachtet oder vergessen. Die Gefahr besteht für jeden zu jeder Zeit. Nicht jedes Detail ist gleich wichtig, dennoch werden auch kleine Aspekte aufgenommen, damit diese aufgegriffen werden können. Manchmal dienen solche Details auch dazu, eine Variante zu einer typischen Fallkonstellation zu bilden. Es mag eine Binsenweisheit sein, aber genaues Lesen bringt wirklich Punkte im Examen.

Dies gilt ganz besonders für den Bearbeitervermerk. Sachverhalte und Bearbeitervermerk sollten immer mindestens drei Mal gelesen werden. Details dürfen nicht vorschnell als Ausschmückungen angesehen werden, denn von ihnen kann eine Menge abhängen.

19. Vorziehen von Prüfungspunkten zur Abkürzung der Prüfung

Formulierungen wie *„Es kann dahingestellt bleiben, ob eine unerlaubte Handlung vorliegt. Jedenfalls hat der B die Rechtsgutverletzung nicht zu vertreten"* werden immer wieder gewählt, um in Gutachten schneller voranzukommen. Ein solches Vorgehen muss gut überlegt sein, denn es lässt Fragen offen. Eine Alternative wäre, im Urteilsstil die Merkmale zunächst anzunehmen und dann auf das Vertretenmüssen einzugehen. Ein Springen kann strategisch durchaus angezeigt sein, wird jedoch etwas übersprungen, was der Prüfende „auf dem Zettel" hatte, wird das negativ auffallen. Klausuren sind für Prüfungen ausgelegt, ein Überspringen von Aspekten wird daher keinesfalls in den Erwartungshorizont bei der Bewertung fallen. Daher ist stets Vorsicht geboten.

20. Klammern im Gutachten werden nicht geschlossen

Der Gutachtenstil im engeren Sinne, wie er für die Klausuren im Ersten Examen vorgesehen ist, wirkt sehr förmlich und viele Studierende verbinden damit eine Hassliebe. Immer wieder in einem Juristenleben gibt es diesen Moment, wo man sich fragt, ob das so wirklich nötig ist. Kann das nicht vielleicht mal reformiert werden?

Der Gutachtenstil ist mehr als eine sprachliche Vorgabe, es ist vielmehr die Umsetzung einer Methode, Sachverhalte einer stringenten und belastbaren Bewertung zuzuführen. Dabei hängt dies natürlich auch von der Art ab, wie differenziert dabei vorgegangen wird. Die Methode garantiert keine ausgewogenen Ergebnisse, begünstigt diese aber im besten Fall. Häufig werden juristische Gutachten außerhalb von Prüfungen auch strategisch genutzt, um deren Ergebnisse als besonders „richtig" darzustellen.

In Prüfungsleistungen, in denen ein Gutachten verlangt wird, sollte stets sehr sorgfältig agiert werden. Der Prüfling dokumentiert letztlich mehr als einen kleinen oder auch komplexeren Fall einer Lösung zuzuführen. Es wird auch die Qualität des Methodenwissens bei der Anwendung des Gutachtenstils sichtbar. An dieser Stelle soll es darum gehen, dass Fragen, die aufgeworfen werden, in vielen Gutachten unbeantwortet bleiben. Wenn oben steht: *„Fraglich ist, ob in dem Verhalten des A eine Wegnahme der Uhr liegt"*, muss nach Definition und Subsumtion dann auch kommen: *„Somit liegt eine/keine Wegnahme vor"*, bevor zum nächsten Punkt übergegangen wird. Dies kann dazu führen, dass am Ende eines Abschnitts mehrere Fragen beantwortet werden müssen: *„Damit liegt keine Wegnahme vor. Somit ist der objektive Tatbestand nicht erfüllt und der A hat sich nach ... nicht strafbar gemacht."* Diese Zwischenergebnisse schließen quasi die Klammer und dürfen nicht weggelassen werden!

Ein souveräner Umgang mit dem Gutachtenstil ist essentiell für überdurchschnittliche Leistungen. Es ist auch eine stetige Weiterentwicklung der eigenen Fähigkeit nötig. Auch im Zweiten Examen werden noch Gutachten verlangt. Die Investition in die Fähigkeit, gute Gutachten schreiben zu können, lohnt in jedem Fall. Jeder sollte da auch selbstkritisch sein und mögliche eigene Marotten, Ungenauigkeiten und Manieriertheiten immer wieder ausmerzen. Wen das nervt, der kann sich trösten: In der Praxis später können die Gutachten dann viel flexibler formuliert werden.

Für mehr Durchblick

Andreas Geipel
Beweisführung und Lügenerkennung vor Gericht
ISBN 978-3-8252-5400-1
Schöningh. 1. Aufl. 2020
166 S., 5 Abb., 7 Tab.
€ 20,00 | € (A) 20,60

Erkennen, durchschauen, aufdecken

Falsche Beweiswürdigung ist die Hauptursache von Justizirrtümern, auch Lügen im Verfahren führen oft zu Fehlurteilen. Dennoch bereitet die Jura-Ausbildung nicht auf diese Kernthemen vor. Studierende, Referendarinnen und Referendare, aber auch routinierte Juristinnen und Juristen erfahren hier, worauf es im Umgang mit Beweismitteln ankommt, wie deren Beweisstärke zu beurteilen ist und wie sie Beweiswürdigungstheorien anwenden. Sie lernen, wie man Lügensignale besser erkennt und auf welche vermeintlichen Anzeichen man sich lieber nicht verlassen sollte. Mit einem Vorwort von Prof. Dr. Ralf Eschelbach, Richter am Bundesgerichtshof.

Mehr unter www.utb-shop.de

Erfolgreich Jura studieren – von Anfang an

Lars Gußen
Wissenschaftliches Arbeiten im Jurastudium
Eine Einführung in die juristische Arbeitstechnik
ISBN 978-3-8252-5009-6
Schöningh. 1. Aufl. 2020
222 S., 11 Abb., 2 Tab.
€ 20,00 | € (A) 20,60

Das richtige Handwerkszeug erlernen

Für einen erfolgreichen Start: Lars Gußen erklärt, was man im Jurastudium können und wissen muss, wie die Grundlagen des juristischen Gutachtenstils, Informationsbeschaffung, den Umgang mit juristischen Texten sowie die richtige Technik und Taktik beim Schreiben juristischer Hausarbeiten und Klausuren. Damit werden Anfängerfehler vermieden und Motivationskiller haben keine Chance.

Mehr unter www.utb-shop.de

Patente Texte schreiben

Roland Schimmel
Juristendeutsch?
Ein Buch voll praktischer Übungen
für bessere Texte
ISBN 978-3-8252-5533-6
Schöningh. 2. aktual. u. erw. Aufl. 2020
222 S., 24 Abb.
€ 22,00 | ₣ (A) 22,70

Zahlreiche Tipps für mehr Kompetenz und Klartext!

Mit etwas Übung lässt sich lernen, wie gut verständliche juristische Texte entstehen. Roland Schimmel zeigt wirksame Methoden im Umgang mit Fach- und Fremdwörtern sowie zur unkomplizierten Darstellung komplizierter Sachverhalte. Der kompetente Umgang mit Sprache, das Vermeiden von Schachtelsätzen, Bezugsfehlern und Fremdworthäufungen helfen in Studium, Referendariat und Berufspraxis.
Für die 2. Auflage wurde der Text um zahlreiche Übungsbeispiele erweitert und vollständig überarbeitet.

Mehr unter www.utb-shop.de